PHILOSOPHISCHES ERBE FÜR EUROPA

I: Einführung in die Philosophie

für den Lateinunterricht in JSt. 10

von Kurt Benedicter

Philosophische Propaedeutik für den Lateinunterricht

Darstellung mit Texten von Cicero, Seneca,
Erasmus von Rotterdam u. a.
sowie Begleittexten aus Mittelalter und Moderne

J. Lindauer Verlag, München

1. Auflage – Reformierte Rechtschreibung

Unveränderter Druck 6 5 4 3 2 / 2012 11 10 09 08
Die letzte Zahl bedeutet das Jahr dieses Druckes.
Alle Drucke dieser Auflage sind, weil untereinander unverändert, nebeneinander benutzbar.

Gesamtherstellung: Friedrich Pustet, Regensburg
ISBN 978-3-87488-211-8

Inhaltsverzeichnis

Vorspann:

2. Vorwort

Der neue Lehrplan Latein für das G 8 sieht für die **JSt 10** eine Einführung in die Philosophie als **Propädeutik für die philosophische Lektüre in der Oberstufe** vor. Damit erhält ein besonders wertvoller Bereich dieses Faches mit folgenden Lernzielen von der Lehrplankommission zu Recht mehr Gewicht:

- Erster Überblick über grundlegende philosophische Denkansätze und Grundrichtungen der Antike und deren Weiterwirkung in der europäischen Philosophie;
- eine erste Begegnung mit den bedeutenden antiken Philosophen;
- ein Erkennen der zeitlos gültigen Bedeutung von (natur-) wissenschaftlichen und ethisch-philosophischen Fragestellungen für den Menschen;
- die Auseinandersetzung mit unterschiedlichen Sichtweisen zu philosophischen Grundrichtungen und das Nachdenken über Sinn und Gestalt der Welt;
- die Diskussion von und die kritische Auseinandersetzung mit menschlichen Problemen insbesondere ethischer und politischer Art.

Der vorliegende Band will, ausgehend vom Ursprung der klassischen Philosophie im Griechischen, mit nicht zu schweren Texten (vor allem aus den philosophischen Werken Ciceros und Senecas sowie aus den Apophthegmata des Erasmus) die Möglichkeit bieten, sich diesen Zielen zu nähern. Für im Lateinischen nicht erhaltene wesentliche Aussagen der originalen griechischen Quellen wurden deutsche Übersetzungen eingebracht, um für die Schüler ein abgerundetes Bild zu liefern. Grundziel des Bandes ist es, den Philosophieunterricht im Fach Latein nicht in zufälligen Begegnungen mit dieser oder jener Aussage zu vollziehen, sondern in einem systematischen Aufbau den Schülern echten Überblick zu verschaffen, wie es kein anderes Fach kann.

So spannt sich der Bogen von der Herkunft des Wortes Philosophie bis zum Bild des philosophierenden Menschen, von den Zielsetzungen des Philosophierens bis zu den vier Arbeitsbereichen und Grundthemen der klassischen Philosophie: ***Naturphilosophie – Dialektik / Logik / Erkenntnistheorie – Ethik – Staatsphilosophie*** und der Auseinandersetzung mit ihnen. Die Texte wurden nach Möglichkeit mit *Bildmaterial* unterlegt, aber auch mit schematischen Darstellungen zum philosophischen Gehalt.

Der Vorspann bringt eine kurze *Einführung in den Gegenstand und die Autoren*, *Hilfen im sprachlichen Bereich* mit einem ***Grundwortschatz Philosophie,*** der viel Nachschlagen im Wörterbuch ersparen kann. Die seltener vorkommenden und sonst unbekannten Wörter sind im *Sub-linea-Kommentar* erläutert. Im Anhang finden sich **6 *Übersichtstafeln zu den Texteinheiten***, ein *Eigennamenverzeichnis,* eine *Zeittafel,* eine *Literatur-Übersicht* und eine *einschlägige Karte des Mittelmeer-Raumes*. Einer Lehrplanforderung entsprechend wird durch die gegebene Variabilität der Textinhalte **der Gesamtwortschatz auf breitester Basis wiederholt**.

Besonderer Dank gilt den Gutachtern und meinem Mentor, Dr. K. Bayer, für viele hilfreiche Ratschläge.

Kurt Benedicter

3. Einführung in den Gegenstand und die Autoren

3.1 Kurze Einführung in die Philosophiegeschichte

Das Wort *Philosophie*, das wörtlich übersetzt „Liebe zur Weisheit" bedeutet, stammt ursprünglich aus dem Griechischen (zu griech. *philosophía* > auch 1.1, S. 16) und auch die Entwicklung der klassisch-antiken Philosophie vollzog sich im Wesentlichen bei den Griechen. In der griechischen Literatur finden sich daher auch die Textquellen, an denen sich Cicero und Seneca orientierten. Freilich sind sehr viele dieser griechischen Quellen **vor** Cicero nicht in die lateinische Sprache übersetzt und dort festgehalten worden, wie man seinem Zeugnis in den *Tusculanae disputationes IV 6* entnehmen kann:

„Itaque illius verae elegantisque philosophiae …
nulla fere sunt aut pauca admodum Latina monumenta."

Um so wichtiger ist das Wirken Ciceros, der selbst diese griechischen Quellen erschlossen und überliefert hat.

Das Philosophieren begann damit, dass Menschen die Natur des Alls, aber auch das eigene Wesen in Frage stellten und in methodischem Bemühen zu erkennen suchten. Die bekannteste und vielleicht auch ursprünglichste Definition der Philosophie lautet:

„Philosophie ist die Wissenschaft von den göttlichen und menschlichen Dingen und deren Ursachen."

(Lexikon der Alten Welt, S. 2305).

Schon die ältesten Philosophen der vier großen griechischen Philosophenschulen (Akademie, Peripatos, Stoa, Epikureer) lassen erkennen, dass sie ihre Themen und Probleme systematisch angehen wollen. So entstand bald die Einteilung der Philosophie in die Bereiche

Naturphilosophie – Dialektik / Logik / Erkenntnistheorie – Ethik,

welch letzterer anfangs auch die **Staatsphilosophie** (später ein eigener Bereich) zugerechnet wurde.

Die **Naturphilosophie (pars naturalis)** beschäftigte sich mit Metaphysik/Theologie, Kosmologie, Astronomie, Geographie, Biologie und anderen naturwissenschaftlichen Arbeitsgebieten.

Der Arbeitsbereich **Dialektik/Logik (pars rationalis)** befasste sich mit der Dialektik / Rhetorik, mit den vernunftgemäßen Schlussfolgerungen, der sogenannten formalen Logik und mit der **Erkenntnistheorie (**d. h. mit dem Unterschied zwischen dem Nur-Scheinen und dem wirklichen Sein).

Die **Ethik (pars moralis)** war die Lehre von den Zielen des guten Handelns, von den Tugenden und Lastern; die Affekte spielten eine bedeutende Rolle.

Die (häufig der Ethik zugeordnete) **Staatsphilosophie (pars civilis** s. o., Z. 25) untersuchte Sinn, Wesen und Aufbau des Staates und seine optimale Führung durch den idealen Staatsmann.

Marcus Tullius Cicero
(Römische Marmorbüste aus dem 1. Jh. v. Chr.)
Kapitolinisches Museum Rom

In kurzen Zügen kann man mit dem „Lexikon der Alten Welt“ (S. 2306) die Entwicklung der griechischen Philosophie in Epochen folgendermaßen darstellen:

- Sie beginnt mit der **aufklärerischen Naturphilosophie der Ionier**, den sogenannten **„Vorsokratikern“**.
- **Sokrates** „holt die Philosophie vom Himmel auf die Erde“; er befasst sich mit den guten und schlechten Verhaltensweisen der Menschen.
- **Platon** bringt als Schüler des Sokrates die Dialektik ein, **Aristoteles** systematisiert zusammen mit ihm die gesamte Philosophie.
- Der Philosophie der **Akademie Platons** und der **Peripatetiker des Aristoteles** setzen die **Stoiker Zenons** und die **„Gartenphilosophen“ Epikurs** kritische Alternativmodelle entgegen.

3.2 Zu Cicero

Der römische Rhetor, Politiker und Philosoph **Marcus Tullius Cicero** (106–43 v. Chr.) verbrachte seine Lehrjahre (bis 82) in Rom und vervollständigte seine Bildung im philosophischen und juristischen Bereich bei einem Studienaufenthalt in Griechenland und Kleinasien (79–77).

Dank seiner enormen rednerischen Begabung konnte er schnell große Erfolge als Prozess-Anwalt erzielen und machte dann die senatorische Laufbahn mit den Stationen Quästor (75), Aedil (69), Prätor (66) durch, ehe er – als *homo novus* gegen den Widerstand der Nobilität – das Konsulat erreichte (63).

Mit diesem Aufstieg geriet er in den Strudel der politischen Machtkämpfe um Caesar und Pompejus; 58 drängte ihn sein persönlicher Feind Clodius ins Exil nach Thessalonike und Dyrrhachion, von wo er 57 nach Rom zurückkehren durfte.

In den folgenden Jahren schrieb er seine literarischen Meisterdialoge über den vollendeten Redner (*De oratore*) und über die ideale Staatsform bzw. den idealen Staatsmann (*De re publica*). 51 musste er widerwillig das Prokonsulat in Kilikien führen. 50 nach Rom zurückgekehrt, suchte er zwischen Caesar und Pompejus, dem er mehr zuneigte, zu vermitteln. Nach dem Sieg Caesars wurde er erst 47 von diesem begnadigt. Hart traf ihn der Tod seiner geliebten Tochter Tullia (45).

Als er nach der Ermordung Caesars zum Kampf gegen Antonius aufgerufen hatte, konnte er im Dezember 44 im Senat die ersehnte Führungsstelle übernehmen, wurde aber 43, als sich die beiden Rivalen Antonius und Augustus (in einem Triumvirat mit Lepidus) einigten, eines der ersten Opfer der Proskriptionen.

In den letzten Jahren seines Lebens entstanden folgende bedeutende philosophische Werke, aus denen viele der Texte im Band stammen (Cicero hat ja nicht nur in Griechenland philosophische Vorlesungen gehört, sondern auch selbst versucht, die Kernthemen der griechischen Philosophie mit den nachfolgend beschriebenen Werken ins Lateinische zu übertragen):

- ***De finibus bonorum et malorum*** behandelt in fünf Büchern die grundlegenden Lehrmeinungen der philosophischen Schulen des Peripatos, der Stoa und des ‚Kepos' Epikurs zur Ethik.
- In den als Ergänzung dazu zu verstehenden ***Tusculanae disputationes*** (als „praktische" Ethik) geht Cicero auf einzelne Bereiche der Ethik näher ein, z. B. auf die Affekten-Lehre der Stoa.
- Der erhaltene Teil der ***Libri Academici*** befasst sich vor allem mit der Erkenntnistheorie.
- In den drei Büchern ***De natura deorum*** behandelt Cicero naturphilosophische und theologische Probleme und berührt dabei auch die physikalischen Lehren der Stoa und Epikurs, denen er die Kritik der Akademiker gegenüberstellt.
- In dem grundlegenden, nicht vollständig erhaltenen Werk ***De re publica***, welches auf Platons Werk „Der Staat" (*politeía)* zurückgeht, verband Cicero staatsphilosophische Lehren der griechischen Philosophenschulen mit den Grundauffassungen römischen politischen Denkens zu einer Einheit und schuf sicher das Werk, welches für ihn selbst als echten Römer das wichtigste war.
- In seinem letzten opus ***De officiis*** geht es Cicero um die Grenzen des rechten Handelns, dargestellt am Konflikt zwischen dem *utile* und dem *honestum.*

3.3 Zu Seneca

Der römische Philosoph Lucius Annaeus Seneca ist etwa um das Jahr 4 v. Chr. in einer begüterten, ritterlichen römischen Familie – schon sein Vater war wahrscheinlich römischer Beamter und war ebenfalls literarisch tätig – in Cordoba geboren. Er kam früh nach Rom und erhielt dort die übliche Ausbildung beim *grammaticus* und *rhetor*.

Durch Sotion (einen Vertreter der pythagoreischen Richtung der Stoa) und den Stoiker Attalus wurde er in die Philosophie eingeführt.

Nach längerem Aufenthalt in Ägypten kehrte er 31/32 nach Rom zurück, wurde Quästor und trat in den Senat ein. Im Jahre 50 war er Prätor.

Als Redner und Literat nahm er unter Caligula eine führende Stellung ein, war aber dann wegen angeblichen Ehebruchs mit dessen Schwester (wahrscheinlich eine Intrige der Messalina) von 41 bis 49 nach Korsika verbannt.

Als Erzieher des jungen Nero eingesetzt, versuchte er, ihn im günstigen Sinn zu beeinflussen.

Auch hatte er in den ersten Regierungsjahren dieses Kaisers eine sehr maßgebende und auch einträgliche Stellung im politischen Leben in Rom inne. De facto lenkte

er zu dieser Zeit mit dem Gardepräfekten Burrus das römische Weltreich und drängte den Machtanspruch der Agrippina zurück. 55/56 wurde er Konsul.
Im Jahre 65 verdächtigte ihn Nero, an einer Verschwörung gegen ihn teilgenommen zu haben, und er musste auf Weisung des Kaisers Selbstmord begehen.

Lucius Annaeus Seneca in einer Doppelherme aus dem 3. Jh. n. Chr. (Berlin, Antikensammlung)

Seneca schrieb seine Werke in einem knappen, mit Sentenzen durchsetzten Stil; er verfasste neben uns weniger verständlichen pathetischen **Lesedramen** (z. B. *Octavia)* popularphilosophische Werke über Probleme der Ethik und der Naturphilosophie, darunter die ***Epistulae morales*** und die ***Naturales quaestiones.*** Die Briefe sind in appellativer Weise an einen (vielleicht fiktiven) Gesprächspartner Lucilius gerichtet, der mit Entgegnungen und Fragen zur richtigen Entwicklung des Gedankengangs beiträgt. Seneca will ihn durch sein Vorbild zum richtigen Leben anhalten. Ein solcher Gesprächspartner spielt übrigens die gleiche Rolle in Senecas Dialogen (z. B. *De providentia, De constantia sapientis, De ira, De vita beata, De brevitate vitae*).
Die Briefe vermitteln aber auch eine Vorstellung von den Problemen der Zeit und von Senecas Ringen um die Wiedergewinnung einer verantwortlichen, freiheitlicheren ethischen Haltung, wobei Seneca seine reiche Lebenserfahrung in mannigfaltiger Weise mit einbringt. Seine von Menschlichkeit erfüllte stoische Ethik berührt sich dabei vielfach mit dem Christentum, so dass ihn manche Kirchenväter für einen Christen hielten.

3.4 Zu Erasmus von Rotterdam

Der große Humanist Erasmus von Rotterdam (1466–1536) kam nach der Erziehung im Kloster Gouda 1491 als Schützling des Bischofs nach Cambrai, wo er 1492 zum Priester geweiht wurde. Seine Sprachkenntnisse erwarb er sich als Autodidakt. Er lehrte in England (London), wo er zum Freund des großen Humanisten Thomas Morus wurde, in Frankreich (Paris), Italien (Turin) und Deutschland. Dort diente er Karl V. als kaiserlicher Rat. 1506 promovierte er in Turin zum Doktor der Theologie.
Im Innersten ein Befürworter der Reformation, ging ihm, dem Humanisten, Luther doch viel zu drastisch vor. Da auch die katholische Kirche seiner humanistisch-liberalen Gesinnung sehr misstrauisch begegnete, geriet er, der „in jeder Form

von Gesinnungsunduldsamkeit das Erbübel unserer Welt erblickte“ (Stefan Zweig), zwischen die Fronten.

Auf dem Höhepunkt seiner wissenschaftlichen Arbeit ließ er sich 1516 in Basel nieder, wo fast alle seine Schriften (u. a. das *Griechische Neue Testament* mit lateinischer Übersetzung) gedruckt wurden.

Erasmus von Rotterdam (gemalt von Hans Holbein für Froben in Basel)

In den hier verwendeten ***Apophthegmata*** sammelte er für den Sohn des Fürsten von Cleve eine Art „Readers Digest“, mit besonders lehrreichen Auszügen bzw. Berichten aus den Werken der großen antiken Schriftsteller.

Apophthegmata sind – wörtlich aus dem Griechischen übersetzt – zunächst einmal einfach „*Aussprüche*“. Insgesamt betrachtet reicht aber die Bedeutung des Wortes von witzigen, geistreichen Aussagen bis zur Gattung der Anekdote oder kurzen Erzählung.

In einem Begleitbrief an den Fürsten definiert Erasmus selbst den Begriff der *Apophthegmata* näher mit *egregie dicta* und bezeichnet sie als eine Hilfe für Verantwortung tragende Persönlichkeiten, um schnell für den jeweiligen Anlass entsprechende *Vorbilder* zu haben, *wie man handeln solle und was man unterlassen müsse,* also sich richtig verhalten zu können.

4. Zur sprachlichen Arbeit

4.1 Zu Besonderheiten in der Sprache des Erasmus:

4.1.1 Es gibt bei den hier verwendeten *Apophthegmata* des Erasmus einige typische Konstruktionen, die häufig vorkommen:

a) Roganti (cuidam), utrum ... censeret, „...“, inquit, „...“
b) Dicenti ... Antisthenem ... natum esse, „...“, inquit, „...“
c) Postulanti, ut ... imperaret, „...“, inquit, „...“

Es kommt darauf an, den Dativ des Partizips jeweils genau zu *inquit, ait* oder *respondit* (o. a.) zu beziehen. Manchmal wird diese Dativ-Konstruktion auch mit weiteren Dativen (meist eines Partizips) fortgeführt.

4.1.2 Das *inquit* kann aber gelegentlich auch mit dem Nominativ (eines Partizips) verbunden werden:

d) *Interrogatus ab adulescente, utrum ..., „...“, inquit, „...“*

4.1.3 Wenn Erasmus glaubt, ein Apóphthegma näher erläutern zu müssen, erweitert sich diese Konstruktion durch *iudicans / significans / sentiens* wie folgendes Beispiel zeigt:
***Interrogatus** ab adulescente quodem, utrum melius censeret uxorem ducere an non ducere, „Utrumcumque“, **inquit**, „feceris, paenitebit!“ **iudicans** et coelibatum et coniugium habere suas molestias, ...*

4.1.4 Den nicht vorhandenen Konjunktiv Futur ersetzt Erasmus des öfteren durch das Partizip Futur mit einer Konjunktiv-Form von *esse*, z. B. S. 18, T 1.4.3, Z. 3: ... *ut* ... *victuri simus.*

4.2 Besonders häufige Erscheinungen der Wortbildungslehre

4.2.1 Wegen häufigen Vorkommens ist es entprechend hilfreich, noch nicht gelernte Substantive/ Adjektive durch Kenntnis der Bildungssuffixe von bekannten Verben/Adjektiven ableiten zu können. Beim Substantiv drücken die genannten Suffixe Folgendes aus:

-or: die handelnde Person	**-io** oder **-ium**: die Tätigkeit, das Ergebnis
-mentum: das Mittel	**-itia** oder **-itas**: den Zustand, die Haltung
-itudo: eine Eigenschaft	**-us** , (Gen.-us): die Tätigkeit, das Ergebnis

Beispiele:

desertor < deserere	mutatio < mutare	refugium < fugere
argumentum < arguere	consensus < consentire	infinitas < finire
similitudo < similis	abundantia < abundare	ortus < oriri

4.2.2 Häufig werden Adjektive mit den Endungen **-osus** (Bed.: **reich an), -idus** (Bed.: **zuständlich), -(ib) ilis** (Bed.: **möglich, Möglichkeit)** von Substantiven oder Verben gebildet. Beispiele:

copiosus < copia	turbidus < turbare	inexplicabilis < explicare

4.2.3 Auf die Möglichkeit der Bedeutungsableitung mancher lateinischer Wörter vom entsprechenden deutschen Fremdwort wird im Sub-Linea-Kommentar hingewiesen (z. B. *indignatus* > „indigniert“).

4.3 Grundwortschatz für die Philosophie-Lektüre (Abkürzung: PhW)

4.3.1 Allgemein in den philosophischen Texten häufiger Wortschatz

acutus	scharfsinnig, spitzfindig, gewitzt
alioquin	ansonsten
an	ob (Partikel der indirekten Frage mit Konjunktiv)
atqui	nun aber, aber doch
cogitatio	Denken, Gedanke, Denkvermögen, Vorstellungskraft
cognitio rerum	Erkenntnis der Dinge / der Vorgänge
consentaneus (cum/*Dat.*)	übereinstimmend (mit), folgerichtig, vernunftgemäß
continere / contineri (re)	einschließen, enthalten, umfassen; Pass.:beruhen (auf)
cum … tum …	sowohl … als insbesondere …
disciplina	(Philosophen-) Schule, Lehr-/ Unterrichtsmethode, Wissenschaft; Disziplin, Ordnung
disciplinae/artes/doctrinae liberales (ingenuae)	die höheren / edlen (eigtl.: freien) Wissenschaften
doctor	Gelehrter, Lehrer
ex aequo	mit gleichem Recht, aus gleicher Position heraus
(con-) fingere	bilden, gestalten, ersinnen, sich vorstellen
ignorantia	Unkennntnis, Unwissen
instituta (institutio)	Lehreinrichtungen (Belehrung), Lehrmeinungen
liberalis (> disciplinae)	> *disciplinae liberales*
manifestus	offensichtlich, leicht erkennbar
mediocriter	mittelmäßig, maßvoll, gemäßigt
obicere	zum Vorwurf machen, vorwerfen
occupari	mit etwas befasst / beschäftigt sein
opinari (*Subst.*: opinio)	meinen, vermuten, eine Auffassung haben
peccare	Bed.: sich verfehlen, ein falsche Meinung vertreten
penes (*mit Akk.*)	bei, in der Hand von
percontari	fragen, nachfragen
perspicuus	leicht durchschaubar, offensichtlich
ponere	sich äußern; eine These aufstellen; etwas annehmen
ponere (mit in + *Abl.*)	(zu etwas) rechnen; (Pass.:) sich ergeben als
PPP positus in (*u. Pass.)*	gelegen sein / liegen in, beruhen(d) auf
praescriptum	Vorschrift, Verordnung, Regel
profecto	in der Tat, wahrlich, sicherlich
profiteri	als Beruf angeben, für sich in Anspruch nehmen
propositum	Vorhaben, Vorsatz, Plan, Zweck, Ziel
qui	wie? auf welche Weise?
quidem … sed …	zwar …, aber …
quispiam	irgendeiner, irgendwer
optimus quisque	gerade (die Besten)
quivis, quaevis, quidvis	jeder der, jeder Beliebige
ratio (vivendi)	(Lebens-) Weise, Art, Stil, Form
referre (ad / aliquo)	beziehen (auf etwas), ausrichten (nach jmd.), zurückkommen auf etwas
schola	Lehr- / Hörsaal, Schulraum
scilicet	natürlich, freilich, selbstverständlich
sequi (*mit Akk.)*	sich der Meinung jemandes anschließen
studiosus sapientiae	ein Erkenntnis Suchender, ein Philosoph
vel maximus	selbst / sogar der Größte
vicissim	wechselweise, umgekehrt, andererseits

4.3.2 Naturphilosophie (pars naturalis):

actio	Handlung (-sweise)
anima, animus / animans	Seele, Geist / beseeltes Wesen (animal)
átomus (fem.!!) / átomon	kleinstes unteilbares Körperchen, Atom
causa (movens)	die (bewegende) Ursache, Energie
corpus	Leib, Körper (im physikal. Sinn)
discriptio et modus (rerum)	Einteilung, Aufteilung, Gliederung (der Formen)
explicatio	Erklärung, Erforschung, Deutung, Erläuterung
imagines (griech.: *eídola*)	Abbilder, Ebenbilder (Trugbilder, Traumbilder)
inane	das Leere, der leere Raum
individuus	unteilbar
infinitus … definitus	unbegrenzt, unendlich … begrenzt, bestimmt
(Subst.) infinitas	Unbegrenztheit, Unendlichkeit
interitus,-us	Untergang, Vergehen
investigare	untersuchen, erforschen
materia	Materie, (Grund-) Stoff, Veranlagung
natura	Natur, natürliche Beschaffenheit; Wesensart; Grundstoff, Element; Welt, Weltall, Schöpfung
natura rerum	Ursprung/Wesen der Erscheinungsformen
principium	Ursprung, (auch: ein) Element (der Natur)
nullo a principio	ohne Ursprung, ohne Anfang
rerum natura	das Wesen / die Beschaffenheit der Dinge
rerum causae	Ursachen der Dinge / Erscheinungsformen
res occultae et a natura involutae	der (noch) verborgene, unerforschte Bereich der Natur
sensus,-uum	Sinne(sorgane), sinnliche Wahrnehmung
stirps	Gattung, Art, Nachkommenschaft
vis (efficiens)	die bewirkende Kraft, Energie, aktives Element

4.3.3 Dialektik/Logik/Erkenntnistheorie (pars rationalis et disserendi):

ambire	um – herum gehen, von allen Seiten angehen
argumenta (argumentationes)	Beweise, Beweisführung
causa	(Ur-) Grund, Ursache, Beweggrund
causae atque rationes	Ursachen und Prinzipien
complecti mente (> mente c.)	geistig / verstandesmäßig erfassen
concludere (perfecta), (*auch:* concludere rationem)	folgern (Schlüsse ziehen)
consequens (*vgl.:* repugnans)	folgernd, folgerichtig (vgl. dt. konsequent)
copiosus	wortreich, gedankenreich, beredt
definire rem (*Subst.:* definitio)	einen Begriff bestimmen
diiudicare (*z. B.* vera et falsa)	unterscheiden, auseinanderhalten, trennen
disertus	redegewandt
dispertire genera	Arten unterscheiden
disputatio (< disputare)	Disputation, philosophisches Streitgespräch
disserere	erörtern, diskutieren
disserendi ratio et scientia	Bereich und Wissenschaft der Dialektik / Logik; Lehre von den Beweisen
dissignare	aufteilen, ordnen
distinguere (*Subst.:* discrimen)	unterscheiden, auseinanderhalten
eídos (griech.)	Ausehen, Gestalt, Urbild (auch ‚Idee‘)

forma	(Ur-) Form, das im Geist entworfene Ideal
idéa	die (platonische) Idee (> *eidos* u. *species*); der ideelle Begriff hinter der Erscheinungsform
in utramque / in contrarias partem/partes disputare/ disserere	nach beiden / nach gegensätzlichen Seiten / Richtungen / Meinungen diskutieren
iudicium	Urteil, Meinung
materia	Thema, Problem, Aufgabenstellung
mens	Verstand, Denkweise, Denkverhalten
per se	an sich, für sich allein (schon), grundsätzlich
ponderare (res)	(Vorgänge) richtig gewichten
putare	veranschlagen, für etwas einschätzen
quaerere (*Subst.:* quaestio)	untersuchen, Fragen stellen, (etwas) erfragen
ratio	Vernunft, Verstand, Überlegung; vernunftgemäßes Handeln; Verfahren, System, Theorie; Art, Weise
redarguere / refellere	widerlegen
repugnans (> consequens)	widersprüchlich, gegensätzlich
sequentia adiungere	folgern, Folgerungen ziehen
species	Form, Vorstellung (besond. für griech.: *idéa*)
subtilis (*Subst.:* subtilitas; *Adv.* subtiliter)	genau, präzise, scharfsinnig (Genauigkeit, Scharfsinnigkeit, Feinabstimmung)
veritas iudicandi	realistisches / wahrheitsgemäßes Urteil
velle	eine Meinung nachdrücklich vertreten

4.3.4 Ethik (pars moralis):

actio	(ethisches) Handeln / Verhalten
affectus (passiones)	Leidenschaften, emotionale Betroffenheit
ataraxía (griech.)	Zustand der Gemütsruhe (stoisches Ideal)
bene / beate vivere (vita beata)	ein glückliches Leben führen
bonae res et malae/bona et mala	das Gute und das Schlechte
bonum	ein Gut, eine gute Handlung, ein Wert
extremum / ultimum / summum bonum / malum	das höchste Gut / Übel
finis (rerum / bonorum)	(höchstes) Ziel (des Handelns), höchstes Gut
honestum (*Gegensatz:* turpe) (Adjektiv: honestus)	das Anständige/der Bereich des Sittlich-Guten, Anstand, Würde, Ehrenhaftigkeit
humanitas	edle allgemeine menschliche Bildung, Menschenwürde, Menschlichkeit, Humanität
iracundia	Neigung zum Zorn / zur Unbeherrschtheit
iustitia (griech.: *dikaiosyne*)	(die Kardinaltugend) Gerechtigkeit
mores hominum	das moralische Verhalten der Menschen
passiones (> affectus)	Leidenschaften, emotionale Betroffenheit
perturbatio (animi)	(Sinnes-) Verwirrung, unklares Denken
ratio bene vivendi	die richtige Art eines glücklichen Lebens
res ap- / expetendae / fugiendae	was man erstreben / meiden muss
temperantia (gr.: sophrosýne)	(weise) Mäßigung, Zurückhaltung
tranquillitas (> gr.: *ataraxía)*	stoisches Ideal ruhiger Gelassenheit
turpe (*Gegensatz:* > honestum)	unehrenhaft, schändlich, unanständig
utile	das Nützliche, der Nützlichkeitsstandpunkt
virtus	ehrenhaftes, anständiges Verhalten

virtutes et vitia	Tugenden und Laster, Werte und Unwerte
vita beata (beate vivere)	das glückliche Leben, (griech.: *eudaimonía)*

4.3.5 Staatsphilosophie (pars civilis):

animal sociale	gemeinschaftsbildendes Wesen
arbitrium	(willkürl.) Entscheidung, Schiedsspruch, Willkür
capessere rem publicam	die politische Laufbahn einschlagen
caritas generis humani	Liebe zum Menschengeschlecht
civilis (*Subst.:* civile)	gesellschaftlich, politisch, staatsbürgerlich (*Subst.:* der politische Bereich)
civitas popularis	Demokratie
civitas (civitates)	Bürgerschaft (Staatsbildungen, polit. Gebilde)
coetus (< co-ire)	Zusammenschluss, Zusammenleben
cognatio	(Bluts-) Verwandtschaft
communicatio utilitatum	Bemühung um den gemeinsamen Nutzen
communis utilitas	Gemeinnutz, Gemeinnützigkeit
communitas	Gemeinschaft, Gemeinsinn, Allgemeinheit
concilia	gemeinsame Planung, politische Gremien
coniunctio hominum (inter homines)	Zusammenschluss der Menschen (untereinander), (bürgerliche) Gemeinschaft
consensus iuris	Übereinstimmung in Rechtsfragen
constituere rem publicam	dem Staat eine Verfassung geben
iustitia	Gerechtigkeit, gerechtes Verfahren, Gerechtigkeitssinn, Billigkeit, Angemessenheit
legem ferre	ein Gesetz einbringen
leges politicae	die politische Gesetzgebung
locus civilis (*griech.: tò politikón)* > auch civile	Bereich des Staats, öffentliches Leben
magistratum gerere	ein Amt verwalten
modice temperare	maßvoll lenken
officium / officia	Aufgaben, Pflichten, pflichtbewusstes Verhalten
optimates	die Vornehmen, der Adel, die Aristokratie
politica philosophia	Staatswissenschaft, Staatstheorie
politikós (griech.)	die *pólis* betreffend, politisch, staatlich
popularis	das Volk betreffend, politisch, demokratisch
privatim – publice	die Privatsphäre – die Öffentlichkeit betreffend
publicus	das Volk betreffend, öffentlich, staatlich
rerum publicarum rectio	die Lenkung des Staats
res publica (constituta)	der Staat, das Staatswesen (Verfassungsstaat)
societas coniunctionis humanae	Gemeinschaft der menschlichen Verbindungen
societas et communicatio utilitatum (> *auch oben*)	Zusammenarbeit der Bürgergemeinschaft zum gemeinsamen Nutzen
societas humana	die menschliche Gemeinschaft / Gesellschaft
societas rei publicae	Staatsgemeinschaft
status (rei publicae)	der Zustand, die Verfassung des Staates
summa omnium rerum	Oberhoheit im Staat
tueri (alqd)	Sorge tragen (für etwas), schützen, bewahren, er-/einhalten
utilitas civium	Nutzen für die Bürgergemeinschaft
utilitas communis / publica	Gemeinwohl, Staatswohl, öffentliches Wohl
vita communis	das Leben in der Gemeinschaft

5. Hinweise zur Benützung des Bandes

Kürzel:	**Betroffene Abkürzungen und Hilfen:**
SLK	**SLK**: Sub-linea-Kommentar. Dieser Kommentar enthält alle für die Übersetzung des jeweiligen Texts notwendigen Wortangaben mit genauer Zeilenbezeichnung. Bei einem Ⓚ sind Konstruktionshilfen angeboten. Bei ableitbaren Wörtern wird mit dem Zeichen < (= ableitbar von) auf das entsprechende bekannte Wort verwiesen (z. B. conservatio < conservare). Namen sind im Eigennamenverzeichnis (> ENV), S. 86–88 nachzuschlagen.
PhW	**PhW:** Bei dem auf den Seiten 11–14 aufgeführten speziellen **Ph**ilosophie-**W**ortschatz wird im SLK ohne Bedeutungsangaben dorthin verwiesen (z. B. > PhW 4.3.1, S. 11).
ENV	**ENV:** Eigennamen werden im SLK (s. o.) nicht erläutert; sie sind im Eigennamenverzeichnis S. 86–88 nachzuschlagen. In der Regel ist dort der Geburtsort, die Geburtszeit und ein kurzer Hinweis auf Stellung oder Tätigkeit gegeben. Wenn, wie sehr häufig, vorne bei den Texten mehr Informationsmaterial vorliegt, wird dorthin verwiesen.
WBL	**WBL:** Die wichtigsten Grundlagen der **W**ort**b**ildungs**l**ehre sind auf S. 10 kurz dargestellt. Im SLK wird gegebenenfalls darauf verwiesen.
Eckstein	Mit „**Eckstein**“ ist bei den entsprechenden Texten jeweils mit Kapitel und Seitenangabe auf den **„Abriss der griechischen Philosophie**“ von Franz Eckstein (> Literaturverzeichnis, S. 89–90) verwiesen.
Capelle	Bei „**Capelle**“ gilt Gleiches für sein Werk **„Die Vorsokratiker“** bei den entsprechenden Texten. Da es sich dabei oft um Zitate handelt, ist dann natürlich auch der Fundort des Zitats mit angeführt.
Karte	Der Hinweis **„> Karte“** betrifft eine **textbezogene Karte des Mittelmeer-Raumes**, die für das Nachschlagen von Länder-/Insel-/Städtenamen auf der S. 94 und der hinteren Umschlaginnenseite zur Verfügung steht. Dort sind alle im Band vorkommenden Ortsnamen und natürlich alle für die damalige Zeit bedeutenden Orte enthalten. Auf ein Ortsverzeichnis wurde bewusst verzichtet, um die Schüler zur direkten Information auf der Karte anzuhalten.
E	**Deutsche Ergänzungstexte** sind mit einem **E** hinter der Nummerierung gekennzeichnet. Dabei handelt es sich in der Regel um Übersetzungen griechischer Originaltexte, wo keine geeignete lateinische Übertragung zur Verfügung stand.
B	Unter dem Abkürzungszeichen **B** hinter der Nummerierung finden sich **Begleittexte** aus der christlichen und modernen Philosophie.
K	**Kommentierende Aussagen** aus einschlägigen Werken (wie z. B. aus Eckstein oder Capelle (s. o.) tragen ein **K** hinter der Nummerierung.
sonstige Angaben u. Hilfen	**m. A**. bedeutet (bei ganz wenigen Textstellen) **„mit Auslassungen“**. Nur in ganz seltenen Ausnahmefällen wurde ein sonst für die JSt besonders geeigneter Text an einer schwierigen Stelle leicht adaptiert. Vereinzelt sind Hilfen durch drucktechnische Hervorhebung oder optisch-strukturierende Anordnung des Textes angeboten.

A) Zu Ursprung und Wesen der Philosophie

1 Texteinheit 1: Einführung in die Lektüre philosophischer Texte

1.1 Was heißt *Philosophie* und *Philosophieren?*

(griech.) *φίλος* *(phílos)* = der Freund

(griech.) *φιλεῖν* *(phileín)* = lieben

(griech.) *σοφία* *(sophía)* = Weisheit

(griech.) *φιλοσοφία* *(philosophía)* = Liebe zur Weisheit

Philosophieren (griech. φιλοσοφεῖν) heißt also „die Weisheit lieben" und nach Erkenntnis streben, um die sich immer wieder stellenden Fragen des menschlichen Lebens – z. B.: „Woraus sind wir und unsere Welt entstanden?" (Naturphilosophie) oder „Was gibt unserem Leben Sinn und Erfüllung?" (Ethik) – beantworten zu können.

1.2 Was bringt uns zum Philosophieren?

Verwunderung **Staunen**

Betroffen-Sein **Überlegen**

Suchen **Fragen**

Erfahren **Einsehen**

Denken **Erkennen**

Wissen **Urteilen**

(‚Der Denker', Plastik von Rodin)

Überlegt und wertorientiert Handeln

1.3 Warum brauchen wir die Philosophie?

1.3.1 E Jede Altersstufe ist gefragt!

(Epikur, Brief an Menoikeus, 122 – Übers. von Hans-Wolfgang Krautz)

Weder soll, wer noch ein Jüngling ist, zögern zu philosophieren, noch soll, wer schon Greis geworden, ermatten im Philosophieren. Denn weder ist jemand zu unerwachsen, noch bereits entwachsen im Blick auf das, was in der Seele gesunden lässt. Wer aber sagt, zum Philosophieren sei noch nicht das rechte Alter, oder vorübergegangen sei das rechte Alter, der ist dem ähnlich, der sagt, für das Glück sei das rechte Alter noch nicht da oder nicht mehr da. Philosophieren muss also der Jüngling wie der Greis, der eine, um alternd jugendfrisch zu bleiben an seinen Gütern aus Dankbarkeit für das Vergangene, der andere, um zugleich jung und altersweise zu sein aus mangelnder Furcht vor dem Künftigen.

1.3.2 E Kein Glück ohne Einsicht!

(Epikur, Brief an Menoikeus 132 – Übers. von Hans-Wolfgang Krautz)

Denn nicht Trinkgelage und aneinandergereihte Umzüge, auch nicht das Genießen von Frauen, von Fischen und allem Übrigen, was eine aufwendige Tafel bietet, erzeugen das lustvolle Leben, sondern ein nüchterner Verstand, der die Gründe für jedes Wählen und Meiden aufspürt und die bloßen Vermutungen vertreibt, von denen aus die häufigste Erschütterung auf die Seelen übergreift. **Für all dies ist Einsicht Ursprung und höchstes Gut.**

(Den im Brief anschließenden Grundgedanken der epikureischen Lehre – zugleich eine Antwort auf die Frage nach der Notwendigkeit des Philosophierens – hat Cicero in seinem Werk *De finibus I 57* ins Lateinische übertragen):

1.3.3 Clamat Epicurus – is, quem vos nimis cupiditatibus deditum esse dicitis – non posse iucunde vivi, nisi sapienter, honeste iusteque vivatur, nec sapienter, honeste, iuste, nisi iucunde.

1.3.4 B Eine zeitgenössische Meinung

(K. Jaspers, Einführung in die Philosophie, S. 14)

Das griechische Wort Philosoph (*philósophos*) ist gebildet im Gegensatz zu *sophós*. Es heißt „der die Erkenntnis (das Wissen) Liebende“ im Unterschied von dem, der im Besitz der Erkenntnis sich einen Wissenden nannte …: das Suchen der Wahrheit, nicht der Besitz der Wahrheit ist das Wesen der Philosophie … **Philosophie heißt: auf dem Wege sein.** Ihre Fragen sind wesentlicher als ihre Antworten, und jede Antwort wird zur neuen Frage.

1.4 Was für Menschen sind Philosophen?

Philosoph (Wandgemälde in der Villa Boscoreale in Pompeji, 1. Jh. v. Chr.)

1.4.1 Der Philosoph Pythagoras

(Erasmus, Apophthegmata VIII, S. 708, 21)

Pythagoras postquam venerat Phliuntem et cum Leonte, Phliasiorum principe, docte et copiose quaedam disseruisset, Leon ingenium et eloquentiam hominis admiratus quaesivit ex eo, qua maxime arte confideret. Cui Pythagoras respondit se nullam quidem artem scire, sed esse philosophum, id est sapientiae studiosum. Huius verecundia sapientis cognomen arrogans, quo se prius venditaverant *sophoi* (= lat. docti), vertit in titulum modestiae.

1.4.2 Das Gleichnis vom Markt

(Erasmus, Apophthegmata VII, S. 666, 7)

Dicebat vitam humanam esse similem panegyri, hoc est solemni hominum conventui. Ad quem alii conveniunt certaturi, alii negotiaturi, nonnulli spectatores modo futuri. Ac ceteros quidem omnes esse sollicitos, solum spectatorem tranquillum frui celebritate. Hunc spectatorem aiebat esse philosophum, qui non ob aliud in hoc mundi theatrum prodisset, quam ut naturas rerum ac mores hominum contemplaretur.

1.4.3 … per se rectum esse …

(Erasmus, Apophthegmata III, S. 194, 8)

Percontanti Dionysio, quid eximium haberent philosophi prae ceteris hominibus, „Ut“, inquit (Aristippus), „etiamsi omnes leges aboleantur, tamen aequabiliter victuri simus. Vulgus legum prae-scriptis arcetur a peccando, philosophus rationem habet pro legibus non ideo, quod rectum est, faciens, quia lex iussit,
nec a scelere temperans, quia lex vetuit,
sed quia novit illud per se rectum esse, hoc per se turpe.“

1.4.1 **1 Phleius,-untis:** Phlius, Stadt auf der Peloponnes südwestl.von Korinth – **2 copiosus:** > PhW 4.3.3, S. 12 – **disserere:** > PhW 4.3.3. S. 12 – **5 quidem … sed … :** zwar … aber … – **7 verecundia:** bescheidene Zurückhaltung – **cognomen arrogans:** anmaßende Bezeichnung – **8 venditare:** sich anbieten, empfehlen – **titulus:** Vgl. Sie das entsprechende dt. Wort!

1.4.2 **1 panegyris** (*Dat.*: **panegyri**)**:** Volksversammmlung, -fest – **hoc est:** das heißt – **2 solemnis:** festlich, feierlich – **conventus < convenire** (> WBL 10) – **3 negotiari:** handeln – **modo:** nur – **4 celebritas:** Feierlichkeit – **6 prodire:** auftreten – **naturae rerum:** > PhW 4.3.2, S. 12

1.4.3 **ÜS: … per se …:** > PhW 4.3.3, S. 13 – **1 percontari:** > PhW 4.3.1, S. 11 – **eximius:** herausragend – **2 abolere:** abschaffen – **aequabiliter:** (*hier:*) unverändert – **victuri simus:** > 4.1.4, S. 10 – **3 vulgus:** Volksmasse – **prae-scriptum: >** PhW 4.3.1, S. 11 – **peccare:** > PhW 4.3.1, S. 11 – **rationem habere pro:** sich kümmern um – **5 temperare a:** sich (einer Sache) enthalten

1.5 Was sind die Ziele und der Nutzen der Philosophie?

(Cicero, Tusculanae disputationes V 68)

Ex quo triplex ille animi fetus existet:
- Unus in cognitione rerum positus et in explicatione naturae;
- alter in discriptione rerum expetendarum fugiendarumque et in ratione vivendi;
- tertius in iudicando, quid cuique rei sit consequens, quid repugnans, in quo inest cum omnis subtilitas disserendi, tum veritas iudicandi.

1.6 B Welche Grundfragen stellt die Philosophie?

(nach Nicolai Hartmann, *Ethik*)

Nicolai Hartmann (1882–1950)

Die Tradition des neuzeitlichen Denkens stellt die Philosophie vor drei aktuelle Fragen:
- Was können wir wissen?
- Was sollen wir tun?
- Was dürfen wir hoffen?

Die zweite von ihnen gilt als ethische Grundfrage. Es ist diejenige Form menschlichen Fragens, die der Ethik den Charakter „praktischer Philosophie“ gibt.

1.2–1.6 Aufgaben zur Interpretation

1.2 1. Überdenken Sie diese Darstellung anhand Ihres eigenen Erlebens!

1.3.1–1.3.4 2. Bilden Sie vier Arbeitsgruppen. Jede durchdenkt einen der vier Texte. Diskutieren Sie dann den Inhalt der Texte in Gegenüberstellung der verschiedenen Aussagen, insbesondere aber der antiken (Epikur 1.3.1–13.2) und der modernen (K. Jaspers 1.3.4 B)!

1.4.1/2 3. Wie bewerten Sie aus heutiger Sicht die Aussagen *se artem scire nullam, sed esse philosophum?* Diskutieren Sie dazu die Formulierungen *sollicitos esse* und *tranquillum frui celebritate*!

1.4.3 4. Erstellen Sie ein Strukturbild (mit Gliedsätzen!) für die Z. 3–6!

5. Welchen geistigen Bereich versucht Erasmus – wie auch Cicero und andere Autoren – mit der Formulierung ***per se*** zu umreißen?

1.4.1–1.4.3 6. Benennen Sie bei folgenden Stellen jeweils die Art des Gliedsatzes und begründen Sie den Konjunktiv: T. 1.4.1, Z. *5: .... qua arte confideret* – T. 1.4.2 Z. *5: ... qui non ob aliud prodisset* und Z. 5: *... ut contemplaretur* – T. 1.4.3, Z. 1*: ... quid haberent philosophi* – und Z. 2: *etiamsi omnes leges aboleantur*

1.5 B 7. Benennen sie mit Hilfe des Philosophischen Wortschatzes (S. 11–14) die drei grundlegenden Richtungen der antiken Philosophie!

1.5 **1 triplex:** dreifach – **fetus:** Frucht, Ergebnis – **2 cognitio:** > PhW 4.3.1, S. 11 – **poni in:** > PhW 4.3.1, S. 11 – **explicatio:** > PhW 4.3.2, S. 12 – **3 discriptio:** > PhW 4.3.2, S. 12 – **res expetendae fugiendaeque:** > PhW 4.3.4, S. 13 – **ratio vivendi:** > PhW 4.3.1, S. 11 – **4 consequens / repugnans:** > PhW 4.3.3, S. 12/13 – **5 subtilitas disserendi/veritas iudicandi:** > PhW 4.3.3, S. 13

2 Texteinheit 2: Die Sieben Weisen als Väter der Philosophie

Die Sieben Weisen, legendäre Philosophen und Staatsmänner des 7. und 6. Jahrhunderts vor Christus, verdanken ihren Namen ebenso ihren richtigen Entscheidungen bei ihrer überzeugenden politischen Tätigkeit in der Gemeinschaft der Bürger wie ihrem einwandfreien ethischen Verhalten. Normalerweise zählt man zu den Sieben Weisen folgende Personen:

Thales aus Milet – Bías aus Priéne – Chílon aus Sparta – Kleóbulos aus Líndos – Períandros aus Korinth – Píttakos aus Mytiléne – Sólon aus Athen

Solon (griech. Münze von 1982)

auch **Myson** aus **Chen** und der skythische Fürst **Anácharsis** werden genannt. Sie alle gaben ihre philosophischen Erkenntnisse, viele schlichte und tiefsinnige Lebensweisheiten, meist in Form von Sentenzen weiter, wie z. B.

2.0

Thales:	„Modus adhibendus est“	(bei Cornelius Nepos)
Bias:	„Omnia mea mecum porto!“	(bei Cicero)
Chílon:	„Nosce te !“ – „Nosce te ipsum!“	(bei Cicero)
Kleóbulos:	„Modus omnibus rebus optimum.“	(bei Plautus)
Períandros:	„Festina lente!“	(Augustus bei Sueton)
Píttakos:	„Pro temporum ratione (*en kairó)*“	(bei Erasmus)
Solon:	„Ne quid nimis! (*medén ágan!)*“	(bei Terenz)

2.1 Die Sieben Weisen als Vorbilder

(Cicero, De oratore III 137)

Sed ut ad Graecos referam orationem (nam ut virtutis a nostris, sic doctrinae sunt ab illis exempla petenda): septem fuisse dicuntur uno tempore, qui sapientes et haberentur et vocarentur. Hi omnes praeter Milesium Thalem civitatibus suis praefuerunt.

Die folgenden Texte aus den *Apophthegmata* des Erasmus von Rotterdam sollen diese Gruppe als Vorläufer der Philosophie und ihrer Anliegen charakterisieren:

2.2 Thales aus Milet

(Erasmus, Apophthegmata VII, S. 602, 12 u. 16)

2.2.1 Interrogatus, quo pacto quis optime iustissimeque viveret,
„Si“, inquit, „quae in aliis reprehendit, ea ne faciat ipse.“

2.2.2 Vetuit per iniuriam ditescere, quod lucrum fraude partum damnum sit, non lucrum.

2.0 **6 pro temporum ratione:** rechtzeitig / im richtigen Zeitpunkt (handeln),
2.1 **1 referre ad:** > PhW 4.3.1, S. 1 – **2 exempla petere:** Vorbilder suchen
2.2.1 **1 quo pacto:** wie – **quis** (nach quo pacto) = **aliquis**
2.2.2 **1 ditescere:** reich werden – **lucrum:** Gewinn

2.3 Chilon aus Sparta

(Erasmus, Apophthegmata II, S. 159, 10 + 19)

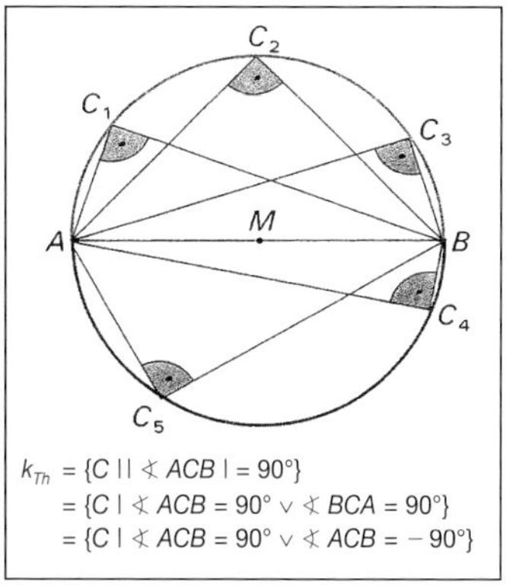

Der Thaleskreis: Alle Punkte auf dem Kreisbogen sehen den Durchmesser unter einem rechten Winkel (nach Der große Knaur S. 7954)

2.3.1 Haec est praecipua pars boni consultoris: dispicere non solum, quid per se optimum sit, sed quid pro temporum ratione possit obtineri.

2.3.2 Docuit potentiae adiungendam esse mansuetudinem, ut (dominus) a suis non tam metum extorqueat quam impetret reverentiam. Reverentiae comes est amor, metus odium. Amari autem non solum honestius est, verum etiam tutius.

2.4 Pittakos aus Mytilene

(Erasmus, Apophthegmata VII, S. 606, 3)

Legem tulerat, ut, qui per temulentiam sceleris aliquid commisisset, duplo plecteretur. Solet enim vulgus hominum ebrietatis obtentu crimen extenuare.

2.5 Solon aus Athen

(Erasmus, Apophthegmata VII, S. 604, 3)

A Croeso interrogatus, an quem vidisset ipso beatiorem, (Solon) Telum nominavit Atheniensem, privatum hominem, sed qui relictis liberis ac nepotibus bene institutis feliciter obisset diem. Interrogatus dein, cui post illum tribueret felicitatis elogium, (ille) Cleobin et Bitum, Argivos fratres, nominavit, qui cum summa pietatis laude defuncti fuerant. Indignatus rex: „Nullo igitur loco me ponis?“, (Solon) „Ego“, inquit, „facile confiteor te regem opibus et imperio florentem; beatum non appellaverim, priusquam feliciter hanc vitam absolveris.“

2.3.1 **1 pars:** *hier* Aufgabe – **consultor < consulere** (> WBL, S. 10) – **2 dispicere:** erkennen – **per se:** > PhW 4.3.3, S. 13 – **3 pro temporum ratione:** > 2.0 Z. 6 – **obtinere:** *hier* durchsetzen

2.3.2 **1 adiungere alqd alci:** etwas verbinden mit etwas – **mansuetudo:** Milde – **3 extorquere:** erpressen – **reverentia:** Achtung

2.4 **1 per temulentiam: im** Rausch – **duplo plecti:** doppelt büßen – **2 ebrietatis obtentu:** unter dem Vorwand der Trunkenheit – **extenuare:** als harmlos darstellen

2.5 **2 homo privatus:** Privatmannn – **nepos:** Enkel – **instituere:** *hier* versorgen – **obire diem (supremum):** sterben – **dein = deinde – 4 felicitatis elogium:** Preis der Glückseligkeit – **Bitum = Bitona – 5 defungi:** sterben – **inidignari:** vgl. Sie das dt. Wort „indigniert“ – **6 (confiteor) te … florentem:** Akk. m. Partizip (griech. Konstruktion) wie A.c.I. – **7 vitam absolvere:** sein Leben zu Ende bringen

2.6 Anácharsis aus Skythien

(Erasmus, Apophthegmata VII, S. 623, 21)

2.6.1 Cuidam obicienti, quod esset barbarus, „Anácharsis“, inquit, „barbarus est apud Athenienses, sed vicissim Athenienses barbari sunt apud Scythas.“ – Graeci, sed imprimis Attici, quoniam apud ipsos florebant disciplinae liberales ac leges politicae, reliquas nationes contumeliae causa nominabant barbaras, cum barbarum dicatur, quicquid est peregrinum atque inusitatum.

(Erasmus, Apophthegmata VII, S. 618, 1)

2.6.2 Hermippus scribit illum (Anachársidem), ut Athenas venerat, adisse Solonis aedes. Percontantem famulum *Quis* et *unde?* iusisse(, ut) renuntiaret adesse Anachársidem, qui et Solonem videre, et, si fieri posset, etiam hospes fieri cuperet. Solon per puerum respondit in patria solere fieri hospites, significans inter Graecos et Scythas non esse ius hospitii. Ad haec verba, quibus abigebatur Anácharsis, quasi iussus esset introire, ingressus est ad Solonem dicens se iam esse in patria et aequum esse, ut hospitio iungerentur. Huius responsi dexteritate delectatus Solon lubens recepit hominem ad intimam familiaritatem ex primo statim sermone deprehendens animum philosophicum, qui iudicaret esse patriam, ubicumque bene est homini. Cives enim mundi sumus omnes.

2.7 Bias aus Priene

(Erasmus, Apophthegmata VII, S. 607, 2 u. 3)

2.7.1 Impio cuidam sciscitanti, quid esset pietas, nihil respondit … Rogantique, cur sileret, „Quoniam“, inquit, „percontaris de rebus nihil ad te pertinentibus!“

Bias (Herme, Sala delle Muse, Vatikan)

2.6.1 **1 obicere:** > PhWSch 4.3.1 S. 11 – **2 vicissim:** > PhWSch 4.3.1, S. 11 – **3 Attici:** Bewohner Attikas – **3 disciplinae liberales:** > PhWSch 4.3.1, S. 11 – **leges politicae:** > PhWSch 4.3.5, S. 14 – **4 contumelia:** Schande – **5 peregrinus:** fremd, ausländisch – **inusitatus < uti**

2.6.2 **2 percontari:** > PhWSch 4.3.1, S. 11 – **famulus:** Diener – **3 hospes:** Gastfreund – **5 abigere**: abweisen (*hier: imperf. de conatu*) – **6 introire < ire** – **7 hospitio iungi:** sich in Gastfreundschaft verbinden – **responsum < respondere** > S. 10 – **dexteritas:** Anpassungsfähigkeit – **8 lubens:** gerne – **familiaritas:** Vertrautheit – **deprehendere:** (hier) erkennen

2.7.1 **1 sciscitari:** zu erfahren suchen – **3 percontari:** > PhWSch 4.3.1, S. 11 – **nihil ad aliquem pertinere:** für jmd nicht relevant sein

Mosaik von Baalbek (im heutigen Libanon): Die Muse Kalliope, die vornehmste der 9 Musen (in der Mitte), ist umgeben von Medaillons des Sokrates und der Sieben Weisen: Solon, Thales, Bias, Kleoboulos, Periander, Pittakos und Chilon; jeder mit Namen und einer philosophischen Maxime

2.7.2 Evenit, ut cum scelerosis quibusdam et impiis hominibus nave veheretur. Qui cum propter exortam tempestatem periclitarentur, deorum opem implorabant. Tum Bias „Silete", inquit, „ne vos hic illi navigare sentiant!" – Deus impiorum precibus irritatur magis ad vindictam quam ad opitulandum flectitur.

2.0–2.7 **Aufgaben zur Interpretation**

2.0 1. Suchen Sie ähnliche deutsche Sentenzen (zu den Z. 1–7 auf S.20)!

2.1 2. Welche unterschiedlichen wertvollen und beispielhaften Grundeigenschaften erkennt Cicero Römern und Griechen jeweils zu? Welches Verhalten hebt er an den Sieben Weisen hervor?

2.2–2.7 3. Die Weisen der Antike von Thales bis Anácharsis sind in kurzen Apophthegmata des Erasmus charakterisiert. Benennen Sie jeweils das Problem (z. B. „Trunkenheitsgefahr"), das beim einzelnen Apophthegma angesprochen ist, mit einer entsprechenden deutschen Formulierung und gehen Sie näher darauf ein!

4. Welches besonders aktuelle Problem ist in 2.6.2 angesprochen?
5. Benennen Sie die Kasus und ihre Funktion an folgenden Stellen:
   2.5, Z. 1 *ips**o** (beatiorem)*, Z. 5 *null**o** loc**o** (ponis)* und Z. 6 *imperi**o** (florentem)* – 2.6.2, Z. 7 *dexteritat**e*** – 2.7.2 *nav**e** (veheretur)* –
6. Bestimmen sie Tempus, Modus und dessen Funktion:
   2.5, Z. 7: *appellav**erim*** – *absol**veris*** – 2.6.2, Z. 9 *qui iudic**aret***

2.7.2 **1 scelerosus < scelus – 2 periclitari :** in Gefahr geraten – **3 irritare :** reizen, herausfordern – **4 vindicta:** Bestrafung – **opitulari:** helfen

B) Die vier Grundthemen und Arbeitsbereiche der Philosophie

3 Texteinheit 3: Die Naturphilosophie (pars naturalis)

3.0 Ovid zum Beginn der vier Weltalter

(Ovid, Metamorphosen I 5)

Ante mare et terras et, quod tegit omnia, caelum
unus erat toto naturae vultus in orbe,
quem dixere Chaos: rudis indigestaque moles,
nec quicquam nisi pondus iners congestaque eodem
non bene iunctarum discordia semina rerum.

Schon rund fünfhundert Jahre, ehe sich Ovid mit dem Ur-Chaos befasste, wandte sich die griechische Naturphilosophie – während die Menschen noch Überlegungen zur Theogonie, d. h. zu Ursprung und Art der Götter, anstellten – der Frage nach dem Urstoff und nach dem Ursprung der Dinge (griech.: **arché**) zu. Die Ursachen von Werden, Veränderung und Vergehen im Kosmos, die Strukturen der Materie und die Frage nach dem wirklichen SEIN im Gegensatz zum bloßen SCHEINEN prägten die Überlegungen dieser Philosophen.

3.1 Die ionischen Naturphilosophen Thales – Anaximander – Anaximenes

Diese Gruppe meist aus Milet stammender Vorsokratiker suchte in aufklärender Weise (sogenannte „1. Aufklärung") **nach der Erkenntnis der nachweisbaren und verfügbaren Kräfte der Kosmogonie,** d. h. der Entstehung des Alls. Thales ist sozusagen das Bindeglied von den Sieben Weisen zu den Naturphilosophen.

3.1.1 Thales aus Milet (um 624–546)

Der weit gereiste Thales, für viele der Begründer der Philosophie, war ein „genialer Praktiker" (Capelle, S. 67), der mit seinen mathematischen Erkenntnissen, z. B. in der Dreieckslehre (> Thales-Kreis, Abb. S. 21) bis heute wirkt und als aktiver Bürger in seiner Heimat hoch angesehen war. Er begründete eine rein rationale Wissenschaft, deren Gegenstand die Natur war. „Stoff und Kraft sind … noch ein natürliches Ganzes" (Capelle, S. 68). Diesen Erklärungsversuch nennt man **Hylozoismus** (griech. *hyle* = Materie, > S. 38).

3.0 **3 chaos:** Chaos, formlose Urmasse – **rudis:** roh, unbearbeitet – **indigestus:** gestaltlos – **moles:** Masse – **4 pondus:** Masse – **iners:** träg – **4/5 discors:** unharmonisch, ungeordnet, wirr – **congesta discordia semina rerum**: „die wirr zusammengehäuften Keime der Erscheinungsformen"

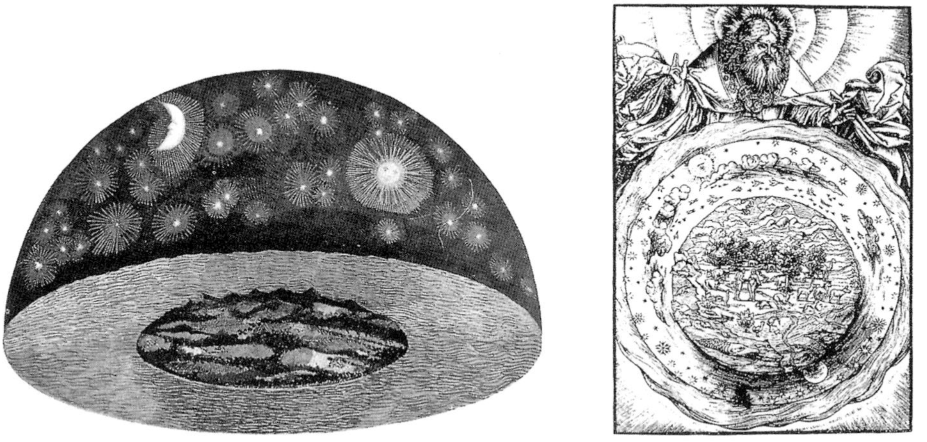

Weltbilder: Links ein Weltbild der Antike mit Himmelsgewölbe; rechts die Erschaffung der Welt nach einem Bild von Hans Lufft (1543); Vorlage war ein Holzschnitt von Lucas Cranach dem Älteren

3.1.1.1 Cicero zu Thales

(Cicero, De natura deorum I 25)

Thales enim Milesius, qui primus de talibus rebus quaesivit, **aquam** dixit esse initium rerum, deum autem eam mentem, quae ex aqua cuncta fingeret.

3.1.1.2 Erasmus zu Thales

(Erasmus; Apophthegmata VII, S. 601, 3)

Rogatus, quid esset omnium vetustissimum, (Thales) respondit „Deus, quod numquam esse coepit“; (rogatus) quid esset pulcherrimum, ait „Mundus; est enim opus dei, quo nihil est pulchrius“; quid maximum, „Locus, capit enim omnia“; quid velocissimum, „Mens; discurrit enim per universa hominis cogitatio“; quid robustissimum, „Necessitas sive fatum; superat enim omnia“; quid sapientissimum, „Tempus; nam invenit omnia.“

3.1.2 Anaximander aus Milet (um 611–546)

Von Anaximander gibt es wenige lateinische Zeugnisse, aber viele seiner Gedanken sind uns in griechischen Fragmenten erhalten.

3.1.2.1 Cicero zu Anaximander

(Libri Academici II 118)

At hoc (> 3.1.1.1) Thales Anaximandro, populari et sodali suo, non persuasit. Is enim **infinitatem naturae** dixit esse, e qua omnia gignerentur.

3.1.1.1 **1 quaerere:** > PhW 4.3.3, S. 13

3.1.1.2 **3 quo:** abl.comparationis – **4 discurrere:** durcheilen – **cogitatio:** > PhW 4.3.1, S. 11 – **robustus:** stark *hier* unerschütterlich – **5 necessitas < necessarius** (> WBL, S. 10)

3.1.2.1 **1 popularis et sodalis:** Landsmann und Freund – **2 infinitas:** > PhW 4.3.2, S. 12

Wissenschaftler sind sich sicher: Meteoriten-Einschläge befruchteten die Erde. In den riesigen Kratern entstand das Leben

Krater des Lebens

Im Yellowstone Nationalpark (USA) finden sich noch heute heiße Quellen und Archäbakterien aus der Urzeit der Erde – vor vier Milliarden Jahren

Moderne wissenschaftl.Vorstellungen zur *arché* („Bild"-Zeitung vom 17. 9. 03)

3.1.2.2 E Aristoteles zu Anaximander

(Simplikios zu Aristoteles Physik 4, 13 ff. Diels = 12 A 9 – Capelle, S. 81 f.)

Anaximandros, der Schüler und Nachfolger des Thales, hat als Urgrund und Element der Dinge das Unendliche (griech. *ápeiron*) angenommen. Er bezeichnet aber als Urgrund weder das Wasser noch ein anderes der sogenannten Elemente.

Anaximander, Relief, Rom, Termenmuseum

3.1.3 Anaximenes aus Milet (um 585 – 525)

Auch Anaximenes, Schüler und Nachfolger des Anaximander, sucht den Urgrund / Urstoff (die *arché)* im Bereich der sinnlichen Wahrnehmung wie Thales, aber nicht im Wasser wie sein Vorgänger.

3.1.3.1 Cicero zu Anaximenes

(Libri Academici II 118)

Post(ea) eius auditor Anaximenes **infinitum** aera (dixit esse), sed ea, quae ex eo orirentur, definita (esse); gigni autem terram, aquam, ignem, tum ex his omnia.

3.1.3.1 **1 auditor:** Hörer (in Vorlesungen) – **infinitus / definitus:** > PhW 4.3.2, S. 12 – **2 aera:** griechischer Akkusativ zu **aer**

3.1.3.2 E Hippolytos zu Anaximenes' Auffassung vom Urstoff

(Hippolytos, I 7,3 = 13 A 7 – Capelle S. 94)

Wenn sich die Luft verdünnt, wird sie zu Feuer, wenn sie sich dagegen verdichtet, zu Wind; infolge (noch stärkerer) Verdichtung zur Wolke, bei noch stärkerer zu Wasser und noch mehr zur Erde; bei äußerster Verdichtung zu Stein.

3.1.3.3 K (Kommentierende Darstellung – Capelle S. 89 f.)
Anaximenes ist durch physikalische Beobachtung auf die geniale Idee gekommen, dass alle qualitativen Unterschiede der sichtbaren Dinge bei gleichbleibendem Volumen auf ein Mehr oder Weniger an Substanz zurückgeführt wurden. So kommt er zu dem Schluss, dass **alle Dinge aus dem Urgrund durch Verdünnung und Verdichtung hervorgehen**.

Luftverdünnung oder Luftverdichtung nach Anaximenes (dtv-Atlas Philosophie)

3.1 AUFGABEN ZUR INTERPRETATION

3.0

1. Welche Vorstellungen vom Urzustand des Kosmos werden in Ovids Versen erkennbar? Gehen Sie insbesondere auf *semina rerum* ein!
2. Nennen Sie das Hauptproblem der ionischen Naturphilosophen!

3.1.1.– 3.1.3

3. Beschreiben Sie kurz die verschiedenen „Lösungen", die Thales, Anaximander, Anaximenes zur Erklärung der Kosmogonie fanden!
4. Wie erklärt Anaximenes die Entstehung der drei Elemente *terra – ignis – aqua* aus der Luft? Wie ist der Wandel vom *infinitum* zum *definitum* zu erklären?
5. Begründen Sie den Modus der Relativsatzprädikate: 3.1.1.1, S. 25: … *quae cuncta fing**eret*** – 3.1.2.1, S. 26: …, *e qua omnia gign**erentur*** – 3.1.3.1, S. 26 … *quae ex eo orirentur*

Zum Gesamtüberblick über die Textaussagen und zur Zusammenfassung > Übersichtstafel S. 80

3.2 Pythagoras – Die Eleaten – Heraklit – Anaxagoras

Dem kühnen Aufklärertum der nur auf die Kosmogonie konzentrierten Milesier traten entgegen:

- Pythagoras mit seiner Lehre von der Harmonie der Seele und deren Wanderung sowie seinen mathematisch-geometrischen Erkenntnissen,
- die Eleaten auf der Suche nach dem reinen, ewigen Sein,
- Heraklit auf seiner Suche nach den Formen des Werdens und Vergehens und
- Anaxagoras mit seiner Überzeugung von der alles bewegenden und ordnenden Vernunft (griech.: *nous)*

Zwar sagt z. B. auch Xenophanes „Alles, was wächst, ist aus Erde und Wasser“, auch Heraklit nahm das Feuer „als den Urgrund *(arché)* an, aus dem die Dinge durch Verdichtung und Verdünnung entstehen“ (> Anaximenes!), aber dem aufklärerischen Denken der Milesier setzten sie ganz neue Überlegungen entgegen:

3.2.1 Pythagoras und seine Lehre von der Harmonie der Seele

Pythagoras aus Samos (um 570–480) – nach politischen Umwälzungen ausgewandert und nach ausgedehnten Reisen in Kroton (Unteritalien) sesshaft geworden – befasste sich vor allem mit der Seele und ihrer Ausbildung; er will auch die richtige Form für die menschliche Gemeinschaft finden. Er gründet eine Art Schule und bildet sich Anhänger, die „Pythagoreer“, heran. Aber auch sein Allgemeinwissen, z. B. als Mathematiker (> nebenstehende Abb.) war enorm.

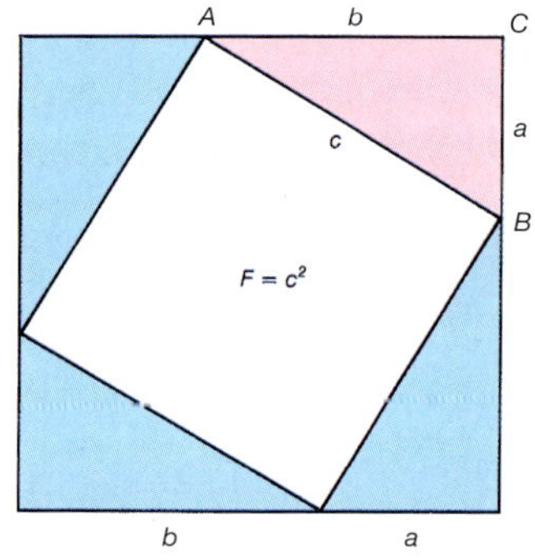

Lehrsatz des Pythagoras (nach dem Lexikon *Der Große Knaur*)

3.2.1.1 Pythagoras als herausragende Persönlichkeit in der Graecia Magna

(Cicero, Tusc.disputationes V 10 m. A.)

Qui (Pythagoras) cum … in Italiam venisset, exornavit eam Graeciam, quae Magna dicta est, et privatim et publice praestantissimis et institutis et artibus. Cuius de disciplina aliud tempus fuerit fortasse dicendi, sed ab antiqua philosophia usque ad Socratem numeri motusque tractabantur et unde omnia orirentur, quove reciderent, studioseque ab iisdem magnitudines, intervalla, cursus anquirebantur et cuncta caelestia.

3.2.1.1 **2 privatim … publice … :** > PhW 4.3.5, S. 14 – **instituta:** > PhW 4.3.1, S. 11 – **3 disciplina:** > PhW 4.3.1, S. 11 – **aliud tempus fuerit :** (potentialer Konjunktiv) „bei anderer Gelegenheit“ – **4 tractare:** behandeln, studieren – **recidere aliquo:** irgendwohin untergehen – **5 intervallum:** Abstand, Zwischenraum – **cursus:** *hier* Laufbahn – **anquirere = inquirere** – **6 caelestia:** Himmelskörper

3.2.1.2 Die Schule des Pythagoras: Schweigend lernen!

(Gellius, Noctes Atticae I 9, 3–12 m. A.)

Qui exploratus ab eo idoneusque fuerat, (eum) recipi in disciplinam statim iubebat et tempus certum tacere. Is autem, qui tacebat, (ea) quae dicebantur ab aliis, audiebat. Neque percontari, si parum intellexerat, neque commentari, quae audierat, fas erat. Tacuit autem non minus quisquam quam biennium. At ubi res didicerant rerum omnium difficillimas, tacere audireque, atque esse iam coeperant silentio eruditi, tum verba facere et quaerere et, quae audissent, scribere et, quae ipsi opinarentur, expromere potestas erat. Hi dicebantur in eo tempore *mathematikoi.* Inde his scientiae studiis ornati ad perspicienda mundi opera et principia naturae procedebant ac tunc denique nominabantur *physikoi.* Simulatque a Pythagora in cohortem illam disciplinarum recepti erant, quod quisque familiae pecuniaeque habebat, (id) in medium dabat et coibatur societas inseparabilis.

3.2.1.3 Sphärenharmonie

(Cicero, De natura deorum III 27)

Et ego quaero, unde orationem, unde numeros, unde cantus (arripuerimus), nisi vero loqui solem cum luna putamus, cum propius accesserit, aut ad harmoniam canere mundum, ut Pythagoras existimat.

3.2.1.4 „Die Seelen wandern nur“

(Seneca, epist. 108, 19)

At Pythagoras omnium inter omnia cognationem esse dicebat et animorum commercium in alias atque alias formas transeuntium. Nulla, si illi credas, anima interit, ne cessat quidem nisi tempore exiguo, dum in aliud corpus transfunditur.

3.2.1.2 **1 exploratus:** *hier* überprüft – **idoneus:** *hier* für geeignet befunden – **disciplina:** > PhW 4.3.1, S. 11 – **2** Ⓚ Ordnen Sie: **Is ..., qui tacebat, ... audiebat, quae dicebantur ... neque fas erat ... percontari ... neque commentari – 3 percontari:** > PhW 4.3.1, S. 11 – **commentari:** > das dt. Fremdwort – **4 biennium:** Zeitraum von zwei Jahren – **7 opinari < opinio** (> auch PhW 4.3.1, S. 11) – **expromere:** *hier* vortragen, vorbringen – **potestas erat:** es war erlaubt – ***mathematikoi:*** *hier* Ausgelernte, Wissende – **8 ornatus:** (aus-)gerüstet – **principia naturae:** > PhW 4.3.2, S. 12 – **9 tunc = tum** – ***physikoi:*** Naturphilosophen – **10 cohors illa disciplinarum:** *hier* jene Erziehungsgemeinschaft – **familia pecuniaque** (*vgl.* **res familiaris):** Vermögen – **11 in medium dare:** in eine gemeinsame Kasse einbringen – **societas inseparabilis coibatur:** man ging eine untrennbare Gemeinschaft ein

3.2.1.3 **1 numeri:** *hier* Rhythmus – **cantus:** Gesang, Musik, (Ein-) Klang – **arripere:** *hier* für sich gewinnen – **2 mundus ad harmoniam canit:** Das Weltall lässt seinen Sphärenklang ertönen

3.2.1.4 **1 cognatio:** > PhW 4.3.5, S. 14 – **commercium animorum:** Verkehr /Austausch der Seelen – **3 transfundere:** hinüberströmen / -gleiten

3.2.1.5 E Zur Seelenwanderung

(Herodot II 123 – Übers. Josef Feix)

Zuerst haben diese Lehre die Ägypter aufgebracht, die behaupten, die Seele des Menschen sei unsterblich; wenn aber der Leib verwese, gehe sie in ein anderes Lebewesen ein, das dann allemal geboren werde. Wenn sie aber alle Wesen des Landes und Meeres und der Lüfte durchwandert habe, dann gehe sie wieder in den Leib eines Menschen ein, der dann geboren werde; diese Rundwanderung von ihr erfolge im Laufe von 3000 Jahren.

Herme des Pythagoras, Rom, Capitol. Museum

3.2.1.6 Zahlen als Ursprung

(Cicero, Libri Academici II 118)

Pythagorei ex numeris et mathematicorum initiis proficisci volunt omnia.

3.2.1.7 Zur Zahlenlehre und Zahlensymbolik der Pythagoreer

(Kommentierende Darstellung – Eckstein, S. 19–21 m. A.)

K 1 Die Pythagoreer kommen zu der neuen grundlegenden Lehre: **„Den Erscheinungen der Dinge liegen Zahlen als ihre Gesetze zugrunde“.** Es kommt nicht darauf an, nach dem Grundstoff zu fragen, wie es Thales und andere taten: das Dreieck kann aus einem beliebigen Stoff bestehen; das Gesetz, nach dem seine Form in Erscheinung tritt, ist das Wesentliche, die Gesetze der Form aber sind durch Zahlenverhältnisse ausgedrückt.

2
- Die 1 bedeutet den absoluten Anfang und den Ursprung;
- die 2 ist das Symbol der Verschiedenheit und Nichtidentität;
- als Verknüpfung von 1 und 2 ist die 3 das Symbol der Synthese;
- die 4 ist die heilige Wurzel der Welt: Es gibt vier Jahreszeiten, vier Grundstoffe (Elemente), vier Säfte des Körpers.

3.2.1.1–3.2.1.7 Aufgaben zur Interpretation

3.2.1.2 1. Aus welchen Gründen verpflichtet Pythagoras seine Schüler in den Lehrjahren zum Schweigen? Was ist in diesem Text über die soziale Einstellung des Pythagoras und seiner Schüler ausgesagt?

2. Fertigen Sie ein genaues Strukturbild zu den Zeilen 4–7!

3.2.1.3 3. Benennen Sie die Redefigur bei *unde orationem, unde numeros, unde cantus* (Z. 1)! Welche Wirkungsabsicht verfolgt Cicero?

3.2.1.6 **1 mathematicorum initia:** die Grundprinzipien der Mathematiker – **proficisci:** *hier* entstehen – **velle:** > PhW 4.3.3, S. 13

3.2.2 Das ewige unveränderliche SEIN der Eleaten …

Xenophanes (um 565–475) aus Kolophon war wegen der persischen Invasion aus Kleinasien geflohen und gründete in Elea unweit Paestum die „Schule“ der **Eleaten**. Aus der ernsten Sittlichkeit und Religiosität seines Charakters heraus bekämpfte er, der selbst noch Anaximander gehört hatte, aufklärerisch die konventionellen anthropomorphen früheren Gottesvorstellungen und stellte „mit der leidenschaftlichen Reaktion eines selbständigen Geistes“ (Capelle S. 114) fest, dass es nur einen Gott geben könne („nur ein einziger Gott, unter Göttern und Menschen der Größte“), ein Allwesen, das alles durchdringe, das ewig und unveränderlich sei und weder menschen- noch tiergestaltig sein könne. Das war eine eindeutige Kritik an den homerischen Göttern.

3.2.2.1 Cicero zu Xenophanes

(Cicero, Libri Academici II 118)

Xenophanes paulo etiam antiquior (quam Anaxagoras) unum esse omnia (dixit), neque id esse mutabile et id esse deum neque natum umquam et sempiternum conglobata figura.

Parmenides (um 515–445) aus Elea, der auch politisch als Gesetzgeber in Elea erfolgreich und angesehen war, entwickelte im Gegensatz zum Werden und Vergehen des Heraklit (> 3.2.3, S. 32) den von Xenophanes entdeckten Begriff des reinen SEINS weiter, stellte das wirkliche SEIN dem bloßen SCHEINEN entgegen und verwandelt so die bisherige Kosmologie in eine Ontologie (griech. *tò ón:* das Seiende) als Teil der Naturphilosophie: „Was ist wirklich von dem, was wir sehen und denken? Was scheint nur zu sein“.

3.2.2.2 Nur das EINE hat Bestand

(Cicero, Libri Academici II 129)

Deinde eum (Xenophanem) secuti (sunt) Parmenides et Zeno – itaque ab his Eleatici philosophi nominabantur –; post(ea) Euclides, Socratis discipulus. Qui id bonum solum esse dicebant, quod esset unum et simile et idem semper.

3.2.2.1 **1 unum esse omnia:** > auch Parmenides: **quod esset unum et … idem semper – 2 mutabilis** < **mutare** (> WBL S. 10) – **sempiternus:** ewig, immerwährend – **conglobata figura:** von kugelförmiger Gestalt (die Kugel als vollend. Form) – **2/3 neque … et …** einerseits nicht … andererseits

3.2.2.2 **2 Eleatici philosophi:** > ENV – **3 unum et simile et idem semper:** gemeint ist das eine, immer gleiche, reine Sein des Denkens im Gegensatz zu ungewissen, sich ändernden Erscheinungen der sinnlichen Wahrnehmung (vgl. Sie dazu T 3.2.3.1 bei Heraklit)

3.2.3 … und Heraklits Werden und Vergehen

Heraklit (um 550–480), ein aristokratischer Menschenverächter, hatte nur Spott für die ältere ionische Naturphilosophie übrig. Sein Beiname „Der Dunkle“ geht wohl auf die nicht immer verständlich vorgetragene Lehre zurück. Seinen Mitmenschen warf er Aberglauben und Unverständnis vor. Er verkündete den ***lógos,*** worunter er wohl den **Sinn des Weltganzen** versteht. Der Kosmos entfaltet sich aus dem ursprünglichen Feuer und wird wieder in dieses verschlungen. Heraklit befasste sich vor allem mit der Frage des Werdens und Vergehens und stand so in schroffem Gegensatz zum reinen, unveränderlichen SEIN des Parmenides.

3.2.3.1 Das *pánta rhei* des Heraklit

(Seneca, epist. 58, 22–23 m. A.)

Quaecumque videmus aut tangimus, fluunt … et in adsidua deminutione atque adiectione sunt.
Nemo nostrum idem est in senectute, qui fuit iuvenis; nemo nostrum est idem mane, qui fuit pridie. Corpora nostra rapiuntur fluminum more. Quidquid vides, currit cum tempore; nihil ex iis, quae videmus, manet. Ego ipse, dum loquor mutari ista, mutatus sum….
Hoc est, quod ait Heraclitus:

> In idem flumen bis descendimus
> et non descendimus.

Manet enim idem fluminis nomen, aqua transmissa est. Hoc in amne manifestius est quam in homine, sed nos quoque non minus velox cursus praetervehit.

Schematische Darstellung zu Heraklits Lehre (nach dtv-Atlas Philosophie)

3.2.3.2 E Zum Feuer

(Simplicius zu Aristoteles, Physik 23, 33 ff. Diels = 22 A 5 – Capelle, S. 142)

< Hippasos von Metapont und > Herakleitos von Ephesos nehmen ebenfalls ein einziges in Bewegung begriffenes und begrenztes Weltprinzip an, aber sie **setzen das Feuer als den Urgrund an** und aus dem Feuer lassen sie die Dinge durch Verdichtung und Verdünnung entstehen und … (später) wieder in das Feuer zurückkehren, denn Herakleitos sagt, alles sei Austausch des Feuers.

3.2.3.1 **2 deminutio atque adiectio:** Verringerung und Vermehrung – **12 transmitti:** *hier* vorbeifließen – **13 manifestus:** > PhW 4.3.1, S. 11

3.2.3.3 Heraklit im Alltag (Erasmus, Apophthegmata VII, S. 667, 13)

Dicebat iniuriam magis exstinguendam (esse) quam incendium. Ex levissimis offensis, si neglegantur, nascuntur atroces tragoediae. Sed ad exstinguendum incendium accurrunt omnes; gliscenti vero simultati citius addunt irritamenta.

Statue des Heraklit, Heraklion, Kreta

(Erasmus, Apophthegmata, VII, S. 668, 15)

3.2.3.4 Rem publicam ut deploratam contempsit eique leges dare, cum rogaretur, recusavit. Secessit autem in templum Dianae ibique cum pueris ludebat talis. Circumstanti et admiranti populo „Perditi“, inquit, „an non praestat hoc agere quam vobiscum rem publicam administrare?“

3.2.4 Anaxagoras

Anaxagoras (um 498 – 428) aus Klazomenai bei Smyrna, Freund und Lehrer des Perikles und Euripides (> ENV), kam 462 nach Athen und fand, weil die vorangegangene Forschung nach seiner Meinung keine vernünftige Erklärung für die bewegende Ursache gefunden hatte, zu der Überzeugung, dass alle Bewegung, Ordnung und Wirkung von der Vernunft (griech. *nous)* ausgehen müsse, dass also die **Vernunft die Ursache von allem ist.**

Anaxagoras: Bronzemünze aus der Heimatstadt Klazomenai

3.2.4.1 Vi ac ratione mentis (Cicero, De natura deorum I 26)

Inde Anaxagoras, qui accepit ab Anaximene disciplinam, primus omnium rerum discriptionem et modum **mentis infinitae vi ac ratione** dissignari et confici voluit.

3.2.2.2–3.2.4.1 Aufgaben zur Interpretation

3.2.2.2 1. Diskutieren Sie die Definition des einzigen Guts durch Parmenides!.

3.2.3.1 2. Diskutieren Sie Sinn und Anliegen der folgenden Grundvorstellungen Heraklits: Alles fließt – Das Feuer als Weltprinzip – Der Krieg ist der Vater aller Dinge.

3.2.4.1 3. Welche Rolle weist Anaxagoras der *mens infinita* zu?

3.2.3.3 **2 offensum < offendere – 3 tragoedia:** vgl. Sie das dt. Wort – **exstinguere:** < e.: to extinguish – **4 gliscere:** entbrennen – **simultas:** Streit, Rivalität – **citius:** nur zu schnell – **irritamenta:** Reizmittel, Zündstoff

3.2.3.4 **1 ut deploratam:** *hier* wie etwas schon verloren Gegebenes (deplorare: beweinen) – **3 talus:** Würfel – **4 perditi:** ihr verdorbenen Leute

3.2.4.1 **1 disciplina**: > PhW 4.3.1, S. 11 – **2 discriptio et modus (omnium rerum):** > PhW 4.3.2, S. 12 – Ⓚ Ordnen Sie **discriptionem et modum omnium rerum** und **vi ac ratione mentis infinitae – dissignari et confici:** *hier* in eine feste Ordnung gefügt werden

3.3 Die Mechanisten und Atomisten

3.3.1 Empedokles und die Mechanisten

WERDEN bzw. *SEIN* hatten Heraklit und die Eleaten in gegensätzlichem Denken beschäftigt.

Empedokles aus Akragas (um 495–435) vertrat wie die Eleaten die Meinung, dass etwas Ewiges und Unvergängliches in der Welt sein müsse, dass vorher nicht Gewesenes unmöglich werden und Seiendes unmöglich untergehen könne.

So erkannte er das SEIN der Materie zu, die zwar ihre Formen wechselt, in ihrer Quantität aber unveränderlich ist. Die Bewegung wirkt als Kraft auf den beständigen Stoff. Er nimmt statt des einen Urstoffs der Naturphilosophen vier Elemente mit folgenden Eigenschaften an:

- Das Feuer ist trocken und warm
- Die Luft ist feucht und warm
- Das Wasser ist feucht und kalt
- Die Erde ist trocken und kalt.

Der Vesuv-Ausbruch vom 9. August 1779, Radierung von Pietro Fabris in W. Hamilton, *Campi Phlegraei*

Entstehen/Werden ist Verbindung der Elemente, Vergehen ist Trennung. Diese beiden mechanischen Prozesse sind die Bewegungsursache: „Bald vereinigen sich unter der Herrschaft der Liebe alle Glieder, welche die Leiblichkeit erlangt haben, auf der Höhe des blühenden Lebens, bald wieder getrennt durch die schlimmen Mächte des Zwistes irren sie einzeln voneinander getrennt am Gestade des Lebens auf und ab.“ (fr. 17; Kranz 137 ff. – Eckstein, S. 33).

Empedokles soll sein Leben im Krater des Aetna beendet haben.

Die mechanistische Erkenntnislehre Demokrits von den Bilderchen (nach dtv-Atlas Philosophie, S. 32)

3.3.1.1 Ciceros heftige Kritik an Empedokles' Lehre
(Cicero, De natura deorum I 29)

Empedocles autem multa alia peccans in deorum opinione turpissime labitur. Quattuor enim naturas, ex quibus omnia constare censet, divinas esse vult. Quas et nasci et exstingui perspicuum est et sensu omni carere.

3.3.1.2 E Die Erklärung heißt Mischung
(Empedokles 31 B 8 – bei Capelle, S. 196/197)

Etwas anderes will ich dir sagen: Entstehung gibt es von keinem einzigen der sterblichen Dinge noch ein Ende im verderblichen Tode. Nein! Nur Mischung gibt es und <wieder> Trennung des Gemischten.

3.3.2 Die „Atom-Theorie" des Leukipp und des Demokrit

Leukipp (um 470 geb.) aus **Milet**, ein Zeitgenosse des Empedokles und des Anaxagoras, war der eigentliche **Begründer der Atomlehre**. Während Parmenides und Xenophanes bei ihren ontologischen Überlegungen das All zu einem Unbeweglichen, Ungewordenen, Begrenzten machen, nahm Leukipp, ursprünglich ein Anhänger des Parmenides, unendlich viele immer in Bewegung befindliche Elemente an, welche er **Atome** nannte (von griech. ***átomos**:* unteilbar).
Diese Atome waren für ihn das Seiende, das im leeren Raum, dem Nicht-Seienden, hin- und hergetragen wurde.

Demokrit, Bronze-Statue
um 250 v. Chr.
Nationalmuseum Neapel

3.3.1.1 **1 peccare:** > PhW 4.3.1, S. 11 – **labi:** *hier* irren – **2 natura:** Element, > PhW 4.3.2, S. 12 – **3 perspicuus:** > PhW 4.3.1, S. 11

Er entwickelte seine „Atom-Theorie“ freilich ohne jeden experimentellen Hintergrund, aus der Sicht der heutigen Atomforschung ein kaum glaublicher Vorgang. Dennoch war seine und Demokrits Annahme von kleinsten, nicht mehr teilbaren Körpern einer der Ausgangspunkte für die moderne Wissenschaft und Forschung. Sein Schüler, **Demokrit (um 460–370) aus Abdera**, formte nämlich Leukipps Erkenntnisse zu einer konsequenten einheitlichen Lehre aus, deren Kern (nach Eckstein, S. 37, Kap. 66) aus folgenden Sätzen bestand:

- **Grundsatz der materialistischen Weltanschauung**: Nichts existiert als die Atome und der leere Raum; die Materie ist nicht unbegrenzt teilbar.
- **Das Substanzgesetz**: Dieser Bestand ist ewig und unveränderlich. Was ist, kann nicht vernichtet werden. Aus nichts kann nichts entstehen.
- **Das mechanische Prinzip**: Alles Werden ist mechanische Bewegung.
- **Das Kausalgesetz**: (Aus Leukipps Werk „Über den Verstand“) „Kein Ding entsteht ohne Ursache, sondern alles aus bestimmtem Grunde und unter dem Druck der Notwendigkeit (griech.: *anánke)“*.

Auch die Seele besteht für Demokrit aus feinen (Feuer-)Atomen, die durch „Bilderchen“ (> 3.3.2.3 E und Abb. S. 35), bewegt werden. So interpretiert Demokrit dann konsequent auch die gesamte Verstandestätigkeit des Menschen als materiellen, atomaren Prozess (dtv-Atlas Philosophie, S.33, bzw. Abb. S. 37).

3.3.2.1 Demokrits Atomlehre

(Cicero, De finibus I 17)

Ille (Democritus) atomos quas appellat – id est corpora individua propter soliditatem – censet in infinito inani, in quo nihil nec summum nec infimum nec medium nec ultimum nec extremum sit, ita ferri, ut concursionibus inter se cohaerescant, ex quo efficiantur ea, quae sint quaeque cernantur, omnia, eumque motum atomorum nullo a principio, sed ex aeterno tempore convenire intellegi.

3.3.2.2 Cicero kritisiert Epikur für dessen Auslegung der Lehre Demokrits

(Cicero, De finibus I 21)

Ita, quae mutat, ea corrumpit (Epicurus), quae sequitur (Democritum), sunt tota Democriti: atomi, inane, imagines, quas *eídola* nominant Epicurei, quorum incursione non solum videamus, sed etiam cogitemus.

3.3.2.1 **1** Ⓚ Ordnen Sie: **ille … censet … atomos … ita ferri, ut … cohaerescant, … eumque motum … intellegi convenire – atomus (f.):** > PhW 4.3.2, S. 12 – **individuus:** > PhW 4.3.2, S. 12 – **2 soliditas:** Dichte, Stabilität – **infinitum … inane …:** > PhW 4.3.2, S. 12 – **3 ferri:** *hier* hin- und hergetragen werden – **concursio:** Zusammenstoß – **cohaerescere < cohaerere – 5 nullo a principio:** > PhW 4.3.2, S. 12 – **intellegi convenit:** *hier* es muss verstanden werden

3.3.2.2 **1 corrumpere:** *hier* verfälschen – **sequi:** > PhW 4.3.1, S. 11 – **2 atomi … inane … imagines:** > PhW 4.3.2, S. 12 – ***eídola*** (griech): Bilder, Abbilder (> Abb. S. 35) – **incursio:** Einfall, Eindringen

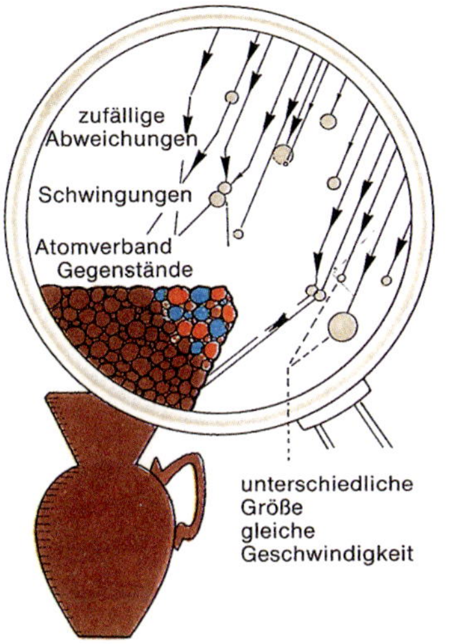

Schematische Darstellung zu Demokrits Atomlehre (nach dtv-Atlas Philosophie)

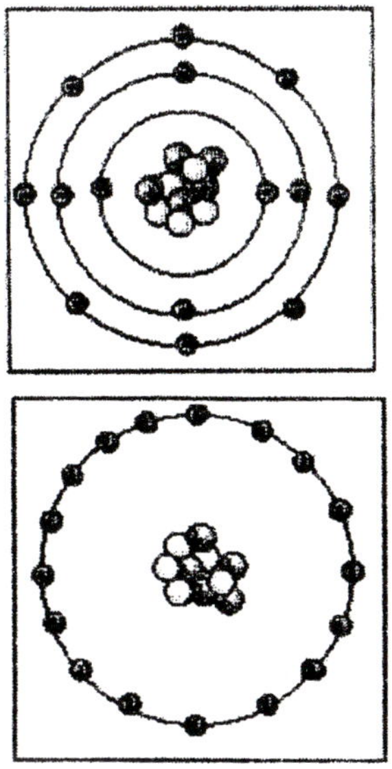

Neuzeitliche Atommodelle: nach Bohr (o.) und Rutherford (u.)

3.3.2.3 E Zur optischen Wahrnehmung

(Aetius IV 8, 10 = 67 A 30 – Capelle S. 429)

Leukippos, Demokritos und Epikuros sind der Meinung, dass die sinnliche Wahrnehmung und das Denken dadurch erfolgen, dass Bilder von außen an uns herankommen; denn keines von beiden (=Wahrnehmen und Denken) werde irgendjemandem ohne das an ihn herankommende Bild zuteil (> Abb. S. 35).

3.3.2.4 B Zusammenfassung der vorsokratischen Naturphilosophie von Karl Jaspers

(nach „Einführung in die Philosophie", S. 28 f.)

Die Philosophie begann mit der Frage: Was ist? Die Antwort darauf ist sonderbar vielfältig:

- Ehrwürdig, (weil) die Antwort des ältesten Philosophen, ist die des **Thales: Alles ist Wasser, ist aus dem Wasser.**
- In der Folge hieß es statt dessen, alles sei im Grunde **Feuer** oder **Luft** oder **das Unbestimmte** oder **die Materie**, oder **die Atome**,
- oder: dass **Leben das erste Sein** sei, woraus alles Leblose nur Abfall bedeute,
- oder: **der Geist**, für den die Dinge Erscheinungen sind, seine Vorstellungen, durch ihn gleichsam als Traum hervorgebracht.

Man sieht so eine große Reihe von Weltanschauungen, die man mit den Namen **Materialismus** (alles ist Stoff und naturmechanisches Geschehen), **Spiritualismus** (alles ist Geist), **und Hylozoismus** (das All ist eine seelisch lebendige Materie) und unter anderen Gesichtspunkten benannt hat. In allen Fällen wurde die Antwort auf die Frage, was eigentlich das Sein sei, gegeben durch den Hinweis auf in der Welt vorkommendes Seiendes, das den besonderen Charakter haben sollte, aus ihm sei alles andere.

3.3.1–3.4 B Aufgaben zur Interpretation

1. Wie beurteilt Empedokles im Gegensatz zu früheren Philosophen *Werden* und *Vergehen* und jede Art von Bewegung? Wie bringt er *Hass/Streit* und *Liebe* ins Spiel? Stellen Sie die entsprechenden Gedanken Heraklits gegenüber!
2. Warum hält Cicero die Theorie des Empedokles für ‚sinnlos'?
3. Erstellen Sie für T 3.3.2.1 – es ist ja nur ein Satz – nach einer Ihnen geläufigen Methode ein übersichtliches Strukturbild!
4. Bestimmen und begründen Sie in folgenden Relativ-Sätzen jeweils den Modus: **T 3.3.2.1**: Z.1: ... *quas appellat* – Z. 2/3: ..., *in quo nihil sit* – Z. 4: ..., *ex quo efficiantur* – Z. 4: ... *ea, quae sint quaeque cernantur* – **T 3.3.2.2**: Z. 1: ..., *quae sequitur* – Z. 2: ..., *quas eidola nominant* – Z. 2/3: ..., *quorum incursione non solum videamus, sed etiam cogitemus.*
5. Diskutieren Sie anhand des Texts und der Abbildung auf S. 37 Demokrits Vorstellung von Form und Verhalten der Atome!
6. Wie kann man Ciceros Kritik an den Vorstellungen Demokrits und an Epikur, der diese Vorstellungen für seine nach ihrem Tagungsort benannten „Gartenphilosophen" übernommen hat, erklären?
7. Beschreiben Sie anhand der Abbildung (S. 35 oben) und des Texts 3.3.2.3 E Demokrits Vorstellung von der optischen Sinneswahrnehmung und vergleichen Sie diese mit den Erkenntnissen aus Ihrem Biologie-Unterricht!
8. Welchen Kern der vorsokratischen Philosophie stellt Karl Jaspers im letzen Abschnitt seiner Darstellung heraus? (3.3.2.4 B)
9. Arbeiten Sie den Unterschied in der Aufgabenstellung antiker und moderner Naturphilosophie (> auch T 3.4 B. S. 39) heraus!

Gesamtübersicht über TE 3 > Übersichtstafeln S. 81–82

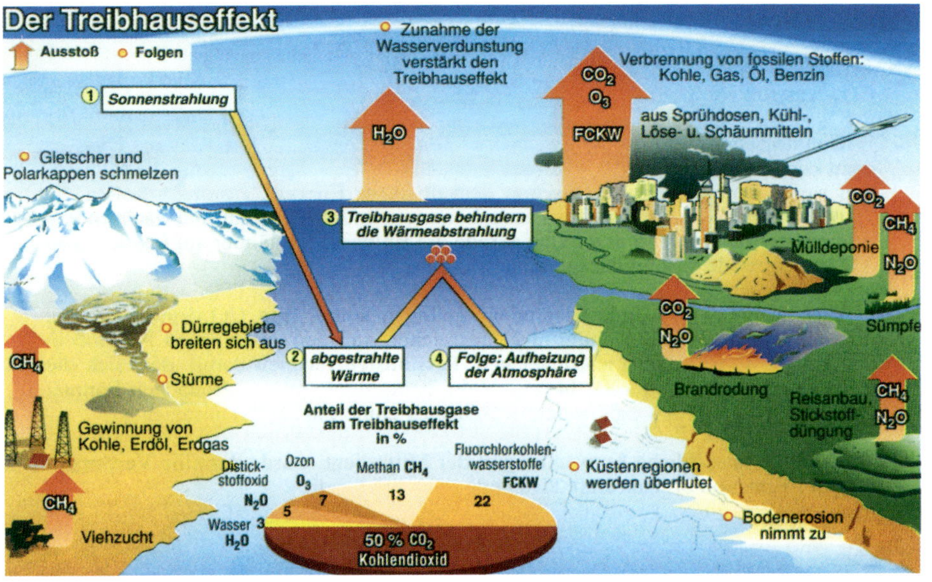

Schematische Darstellung von Problemen der modernen Naturforschung (hier speziell der Klimaforschung) – nach ‚Ethik Aktuell' im C. C. Buchners Verlag, S. 170

3.4 B Wie sieht die moderne Naturphilosophie die Probleme?

(Aus einem fiktiven Interview der Autoren J. Peters und B. Rolf mit dem Naturphilosophen Hans Jonas – nach ‚Ethik Aktuell', C.C. Buchners Verlag, S. 169)

Hans Jonas (1903–1993), Verfasser des Werks ‚Das Prinzip Verantwortung' (1984)

„Unser Handeln hat infolge der neuen technischen Möglichkeiten … .auch eine neue zeitliche Dimension: Es betrifft nicht mehr nur die Gegenwart; die Zukunft der Menschheit steht auf dem Spiel. Deshalb habe ich gefordert, dass die Wirkungen unserer Handlungen verträglich sein müssen mit … der Fortdauer menschenwürdigen Lebens auf der Erde. Der neue Imperativ muss lauten:

„Handle so, dass die Wirkungen deiner Handlung nicht zerstörerisch sind für die künftige Möglichkeit solchen Lebens!"

➢ *Was bedeutet das konkret?*

Zunächst müssen wir eine Wissenschaft etablieren, die zukünftige Wirkungen unseres Handelns erforscht. Auch wenn sie die Folgen bestimmter Vorhaben nicht mit Sicherheit voraussagen kann, so vermag sie doch wenigstens die Gefahren deutlich zu machen, denen künftige Generationen dadurch möglicherweise ausgesetzt sind. … Wenn das Risiko besteht, dass eine bestimmte Technologie die Zukunft der Menschheit gefährdet, ist es moralisch nicht vertretbar, diese Technologie zu verwenden. *(> Abb. oben)*

4 Texteinheit 4: Dialektik – Logik – Erkenntnistheorie (pars rationalis et disserendi)

Wenn man philosophische Fragen präzise und objektiv nach allen Richtungen abklären will, bedarf es eines entsprechenden geistigen Werkzeugs, nämlich der dialektisch-logischen Auseinandersetzung durch Diskussion.
Unter **Dialektik** verstand man ursprünglich das kunstvoll geführte Diskussionsgespräch mit Fragen und Antworten, die der logischen Abklärung eines Sachverhalts dienen sollten. Die Dialektik begann bei den Sophisten mit dem **Ziel, den Diskussionspartner zu widerlegen und sich mit seiner Meinung durchzusetzen.**
Aus der Dialektik, deren Ziel ursprünglich also zweifellos der subjektive „Erfolg" über den Dialog-Partner war, entwickelte sich die **formale Logik:** die Disziplin, welche sich mit den Voraussetzungen für eine streng sachliche, vernunftgemäße und objektive Untersuchung und Beurteilung von Problemen befasst. Es geht also dabei nicht mehr um Rechthaben, sondern um ein auf die Vernunft gestütztes Prüfen, Erkennen, Argumentieren und Ziehen von Schlüssen, letztlich um **die Suche nach objektiven Kriterien für ein wohlbegründetes Urteil**.
Die **Erkenntnistheorie** beschäftigt sich mit **Umfang, Möglichkeiten und Grenzen der Urteilsfähigkeit und Erkenntnis** und mit der Frage, ob unsere sinnlichen und geistigen Erkenntnisse nicht nur so erscheinen, sondern dem tatsächlichen SEIN entsprechen (**Ontologie** von griech.: *tò ón* = das Seiende).

4.1 Die Dialektik und ihre Meister, die Sophisten

Zu Beginn des 5.Jh.s entwickelte sich in Athen im Rahmen des politischen Aufstiegs der Stadt eine Vorliebe für kunstvolles Reden und geistvolles Debattieren. Mehr noch: man wollte in einer Art aufklärerischen Strebens alles kritisch hinterfragen. Die so genannten **Sophisten** boten sich als Redelehrer *(doctores dicendi)* an, waren sehr gefragt und bezogen hohe Honorare.

4.1.0 Dazu ein Zitat aus Cicero: (Libri Academici II 72)

Sophistae enim appellabantur ii,
qui ostentationis aut quaestus causa philosophabantur.

4.1.0 **1 sophistes / sophista:** Sophist (Lehrer der praktischen Philosophie und Beredsamkeit) – **2 ostentatio:** (Selbst-)Darstellung – **quaestus:** Gewinn – **philosophari:** philosophieren, forschen, nachdenken

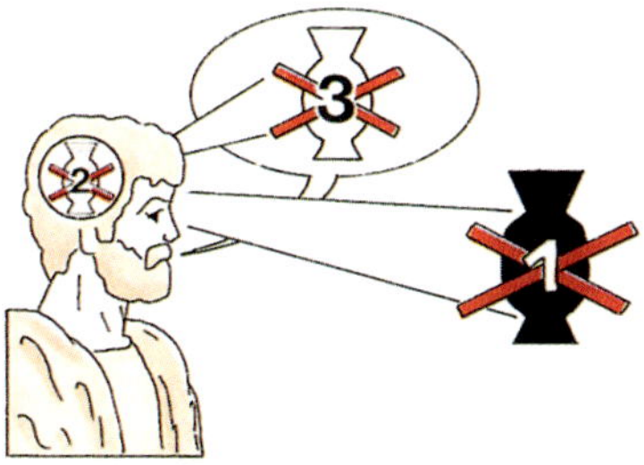

Die drei Thesen des Gorgias
(> T 4.1.2.2)
(nach dtv-Atlas Philosophie S. 34)

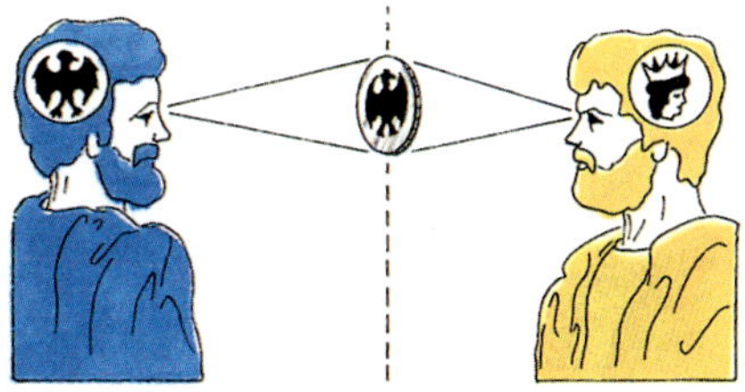

Zu jedem Thema gibt es zwei Standpunkte
(> T 4.1.1.2 Protagoras)

4.1.1 Protagoras aus Abdera (um 481–411)

Der bekannteste Sophist war Protagoras, der als Kernsatz seiner Lehre vorgab, durch seine Diskussionskunst und Überzeugungskraft „**die schwächere Sache zur stärkeren zu machen**". Ein weiterer Grundsatz seiner Lehre lautete, dass „**der Mensch das Maß aller Dinge sei**" (homo-mensura-Satz).

4.1.1.1 Der unwillkommene Aufklärer (Cicero, De natura deorum I 63)

Nam … Protagoras …, sophistes temporibus illis vel maximus, cum in principio libri sic posuisset „De divis neque ut sint, neque ut non sint, habeo dicere", Atheniensium iussu urbe atque agro est exterminatus librique eius in contione combusti sunt.

4.1.1.2 Es gibt immer zwei Sichtweisen (Seneca, epist. 88, 43–45 m. A.)

Protagoras ait de omni re in utramque partem disputari posse ex æquo, et(iam) de hac ipsa (re), an omnis res in utramque partem disputabilis sit … . Si Protagorae credo, nihil in rerum natura est nisi dubium.

4.1.2 Gorgias aus Leontinoi (um 483–375)

Ein anderer große Sophist, Gorgias, vertrat die gleiche Schule, die sich anmaßte, alles zu kennen und zu können. Er schuf auch eine mit der Poesie wetteifernde, von kühnen Formulierungen überladene Kunstsprache, welche seine Hörer faszinierte. Entscheidend ist für ihn, „**immer den rechten Zeitpunkt** (griech.: ***kairós)*** **zu erkennen und abzuwarten**".

4.1.1.1 **1 sophistes,-is:** Sophist – **vel** (mit Superlativ)**:** > PhW 4.3.1, S. 11 – **2 ponere:** > PhW 4.3.1, S. 11 – **ut sint:** die griech. Formulierung *ως εισιν* ist doppeldeutig; („dass sie sind/wie sie sind") – Cicero übernimmt deshalb mit **ut sint** und nicht mit A.c.I. – **divus = deus – habeo dicere:** ich kann aussagen – **3 exterminare** (*mit* abl. separ.): verjagen (aus etwas)

4.1.1.2 **1 in utramque partem disputare:** > PhW 4.3.3, S. 13 – **ex aequo:** > PhW 4.3.1, S. 11 – **2 disputabilis < disputare** (> auch WBL, S. 10)

4.1.2.1 Ciceros Freund Crassus: Was bilden sich die eigentlich ein?

(Cicero, De oratore I 102 f.)

Semper irrisi eorum hominum impudentiam, qui, cum in schola adsedissent, ex magna hominum frequentia dicere iuberent, si quis quid quaereret.
Quod primum ferunt Leontinum fecisse Gorgiam, qui permagnum quiddam suscipere ac profiteri videbatur,

cum se ad omnia, **de quibus quisque audire vellet,**
esse paratum denuntiaret.

4.1.2.2 Man kann auch alles in Frage stellen!

K

(Kommentierende Darstellung – Eckstein, Kap. 94, S. 51 – > Abb. S. 41)

Gorgias trägt in 3 Kapiteln die These vor, dass

1. nichts sei,
2. wenn etwas wäre, man es doch nicht erkennen könne,
3. wenn man auch etwas erkennen könne, man es nicht sagen könne (es sei „unmitteilbar").

Wenn also nichts ist, so komme es nicht auf den Gedanken und auf eine klare Beweisführung an, sondern vor allem auf den **Sirenenklang der Worte**, mit denen man die hypnotisierten Hörer betäubt und einfängt.

4.1.3 Hippias aus Elis (Ende des 5. Jahrhunderts)

Hippias aus Elis, ein Zeitgenosse des Protagoras, war einer der markantesten und eitelsten unter der Sophisten, der sich, wie T 4.1.3.1 zeigt, eigentlich des **totalen Wissens in allen Bereichen** (griech.: Polymathie) brüstete. Platon machte ihn zur Titelfigur eines seiner Dialoge.

4.1.2.1 **1 impudentia < pudet** (> auch WBL, S. 10) – **in schola** (> PhW 4.3.1, S. 11) – **adsidere:** sich niederlassen – **2 frequentia:** Vielzahl – **quaerere:** > Phw 4.3.3, S. 13 – **3 permagnum quiddam:** *hier* etwas ganz Besonderes – **4 suscipere ac profiteri (alqd.):** *hier* sich (für etwas) befähigt halten – **6 denuntiare:** *hier* ankündigen

4.1.3.1 Der „Alleskönner“ (Cicero, De oratore III 126–128)

Namque illos veteres doctores auctoresque (artis) dicendi nullum genus disputationis a se alienum putavisse accepimus semperque esse in omni orationis ratione versatos.

E quibus Elius Hippias, cum Olympiam venisset ..., gloriatus est – cuncta paene audiente Graecia – nihil esse ulla in arte rerum omnium, quod ipse nesciret; nec solum has artes, quibus liberales doctrinae atque ingenuae continerentur – geometriam, musicam, litterarum cognitionem et poetarum atque illa, quae de naturis rerum, quae de hominum moribus, quae de rebus publicis dicerentur – se tenere, sed anulum, quem haberet et pallium, quo amictus esset, soccos, quibus indutus esset, se sua manu confecisse.

Scilicet nimis hic quidem est progressus, sed ex eo ipso est coniectura facilis, quantum sibi illi ipsi oratores de praeclarissimis artibus appeti(v)erint, qui ne sordidiores quidem repudia(ve)rint.

4.1.4 Thrasymachos aus Chalkedon (Ende des 5.Jahrhunderts)

Thrasymachos war ein weiterer berühmter Redner, Sophist und Förderer der Rhetorik in Athen. Seine Theorie, dass **Gerechtigkeit immer von den Interessen der Mächtigen abhänge,** wurde von Platon, der ihn als Dialogpartner in seinem Werk *„politeía“ (Der Staat)* auftreten lässt, nachdrücklich bekämpft:

4.1.4.1 E Sokrates’ Gerechtigkeitsvorstellung wird verspottet

(Thrasymachos:) (Platon, *politeía* I 343 c–d – Übers. F. Schleiermacher)

„Und soweit bist du (Sokrates) entfernt mit deinen Gedanken von der Gerechtigkeit und dem Gerechten und der Ungerechtigkeit und dem Ungerechten, dass du noch nicht weißt, **dass die Gerechtigkeit und das Gerechte eigentlich ein fremdes Gut ist, nämlich des Stärkeren und Herrschenden Nutzen** ... Du musst dir aber, o einfältigster Sokrates, die Sache darauf ansehen, dass der Gerechte überall schlechter dran ist als der Ungerechte.“

4.1.3.1

1 doctor: > PhW 4.3.1, S. 11 – **disputatio:** > PhW 4.3.3, S. 12 – **2 accipere:** *hier* vernehmen, informiert werden – **ratio:** > PhW 4.3.1, S. 11 – **versatum esse** < vgl. Sie das dt. Fremdwort „versiert“ – **4 Elius:** aus Elis (Peloponnes) – **4–10:** Übersetzen Sie den Satz zuerst ohne die in Parenthese gesetzten Appositionen zu **has artes (geometriam** etc.) – **6 liberales doctrinae atque ingenuae:** > PhW 4.3.1, S. 11 – **contineri:** > PhW 4.3.1, S. 11 – **7/8 geometria ... musica:** Geometrie/Mathematik ... Musik – **litterarum cognitio et poetarum:** Kenntnisse in Literatur u. Dichtkunst – **naturae rerum:** > PhW 4.3.2, S. 12 – **8 tenere:** *hier* kennen, beherrschen – **9 anulus:** Ring – **pallium:** Mantel – **amicire:** einhüllen – **soccus:** Schuh – **11 scilicet:** > PhW 4.3.1, S. 11 – **nimis progredi:** zu weit gehen – **coniectura:** Vermutung – **12 sibi appetere:** *hier* sich anmaßen – **sordidus:** schmutzig, schäbig

Der berühmte „Runde Tisch" zur Abstimmung der Meinungen (nach ‚Ethik Aktuell', S.116)

Der folgende Text bringt eine zeitgenössische Meinung zur Dialektik bzw. zum ‚Diskurs' von Jürgen Habermas, der vor allem durch seine ‚Diskursethik' bekannt. wurde. Er bezieht darin im Gegensatz zu den Sophisten nicht in subjektiv-anmaßender, sondern in sozial-objekiver Denkweise Stellung zur Dialektik:

4.1.5 B Der runde Tisch: Diskurs mit allen Betroffenen

(J. Habermas zur ‚Begründung der Moral im Diskurs' – nach ‚Ethik Aktuell' von J. Peters u. B. Rolf im C. C. Buchners Verlag S. 117)

„Unparteilich ist allein der Standpunkt, von dem aus genau diejenigen Normen (Regeln, Vorschriften) verallgemeinerungsfähig sind, die, weil sie erkennbar ein allen Betroffenen gemeinsames Interesse verkörpern, auf allgemeine Zustimmung rechnen dürfen – und insofern intersubjektive Anerkennung verdienen. Unparteiliche Urteilsbildung drückt sich mithin in einem Prinzip aus, das jeden im Kreise der Betroffenen zwingt, bei der Interessenabwägung die Perspektive aller anderen einzunehmen … So muss jede gültige Norm der Bedingung genügen, dass die Folgen und Nebenwirkungen, die sich jeweils aus ihrer allgemeinen Befolgung für die Befriedigung der Interessen eines jeden Einzelnen (voraussichtlich) ergeben, von allen Betroffenen akzeptiert (und den Auswirkungen der bekannten alternativen Regelungsmöglichkeiten vorgezogen) werden können …

4.1.5 B **4 intersubjektiv:** *hier* zwischen den einzelnen Betroffenen

Jürgen Habermas, Begründer der ‚Moral im Diskurs' (> 4.1.5 B)

4.1.5 B „Aufgaben, die in moralischen Argumentationen gelöst werden sollen, können nicht monologisch bewältigt werden, sondern sie erfordern eine kooperative Anstrengung."

4.1 Aufgaben zur Interpretation

4.1 1. Klären Sie mit Hilfe von Reallexika aus Ihrer Studienbücherei oder im Internet die Begriffe *Dialektik – Logik – Erkenntnistheorie – Ontologie – Sophistik* gründlich ab und diskutieren Sie Ihre Ergebnisse!

4.1.1– 4.1.4 2. Begründen Sie den Konjunktiv in folg. Gliedsätzen und geben Sie deren Sinnrichtung/Funktion an: T 4.1.1.1 (Z. 2) ... *cum ... posuisset* – T 4.1.2.1 (Z. 1) *cum ... adsedissent* – T 4.1.1.2, Z. 2/3: ... *an omnis ... res ... disputabilis sit.* – 4.1.3.1 (Z. 4) *cum Olympiam venisset* – T 4 1.2.1, Z. 1/2: ..., *qui ... dicere iuberent* – Z. 5/6: ..., *cum se esse paratum denuntiaret* – 4.1.3.1, Z. 5: ... *nihil esse ulla in arte, quod ipse nesciret!*

3. Bewerten Sie folgende Kernaussagen der Sophisten: *„Die schwächere Sache zur stärkeren machen" – „ De omni re in utramque partem disputari posse" – „Es ist entscheidend, immer den rechten Zeitpunkt zu erkennen" – „Das Gerechte ist nichts anderes als das dem Stärkeren Nützliche."!*

4. Beurteilen Sie die sophistische Aussage *„nihil esse ulla in arte, quod ipsi nescirent"?* Gibt es heutzutage ähnliche Verhaltensweisen?

4.1.5 B 5. Wir haben im Vorwort und in den antiken Texten zwei Zwecke der Dialektik (des Diskurses) kennengelernt:
   - Das Siegen mit der subjektiven eigenen Darstellung und
   - die sachlich-diskutierende, vernunftgemäße Untersuchung zur logischen Abklärung von Sachverhalten.

   Welchen neuen sozialen Aspekt bringt die moderne Philosophie hinsichtlich der Dialektik und des Diskurses ins Spiel?
   Diskutieren Sie den Unterschied zum Standpunkt der Sophisten!

4.1.5 B **14 monologisch:** *hier* vom geäußerten Standpunkt eines Einzelnen aus, durch Anordnung Einzelner

4.2 Die Logik (Nach dtv-Lexikon „Der kleine Pauly“, S. 706 ff.)

Logik kommt von (griech.) *lógos,* was Wort, Rede, Berechnung, Vernunft und im philosophischen Bereich eine Sinn enthaltende Aussage bedeutet. Die Logik hat sich zur Aufgabe gemacht, **allgemein gültige Kriterien für die Beurteilung von Aussagen** zu finden.

Sokrates schaltet als erster das Kriterium „Erfolg“ der sophistischen Dialektik aus und sucht in skeptischer Haltung („Ich weiß, dass ich nichts weiß“ > T 4.3.1) nach **objektiven Kriterien**. Platon erkennt die Rationalität als einzigen Weg zur Erkenntnis des objektiv wirklich Seienden (> 4.2.2). Aristoteles schließlich bezeichnet die Logik als das Werkzeug (griech.: **órganon) philosophischer Forschung.** Er richtet das logische Denken auch nicht mehr wie Platon in transzendenter Weise auf die Klärung des wirklichen Seins (griech: *ousía),* sondern betrachtet Logik als das Werkzeug, **das Urteile und Schlüsse auf ihre Richtigkeit untersucht.** Letzteres nennt man die **formale Logik**.

Aristoteles, Platon und die Stoiker haben dann die einzelnen „Werkzeuge“ für die logische Denkarbeit weiter entwickelt.

4.2.1 Die Aufgaben der Logik

(Cicero, Tusc. Disputationes V 72)

Sequitur tertia (pars philosophiae), quae per omnes partes sapientiae manat et funditur,
  quae rem definit, genera dispertit, sequentia adiungit,
    perfecta concludit, vera et falsa diiudicat,
    d i s s e r e n d i   r a t i o   e t   s c i e n t i a.
Ex qua cum summa utilitas exsistit ad res ponderandas, tum maxime ingenua delectatio et digna sapientia.

4.2.2 Worauf basieren die Urteile?

(Cicero, Libri Academici II 142)

Aliud iudicium Protagorae est, qui putet id cuique verum esse, quod cuique videatur … . Plato autem omne iudicium veritatis veritatemque ipsam abductam ab opinionibus et a sensibus cogitationis ipsius et mentis esse voluit.

4.2.1 **2 manare et fundi per:** durchziehen und durchströmen – **3 definire rem:** > PhW 4.3.3, S. 12 – **genera dispertire:** > PhW 4.3.3, S. 12 – **sequentia adiungere:** > PhW 4.3.3, S. 13 – **4 concludere perfecta:** > PhW 4.3.3, S. 12 – **diiudicare** > PhW 4.3.3, S. 12 – **5 disserendi ratio et scientia:** > PhW 4.3.3, S. 12 – **6 res ponderare:** > PhW 4.3.3, S. 13 – **ingenuus:** edel – **7 delectatio:** *hier* Genuss

4.2.2 **1 iudicium:** > PhW 4.3.3, S. 13 – **1/2 cuique videtur:** jedem scheint richtig – **2 abducere a:** trennen von, freimachen von – **3 cogitationis ipsius … mentis:** gen.poss. – **velle**: (*hier* > PhW 4.3.3, S. 13)

4.2.3 Voraussetzung für sicheres Urteilen

(Cicero, Tusc.disput. II 9)

(Itaque) mihi semper Peripateticorum Academiaeque consuetudo de omnibus rebus in contrarias partes disserendi non ob eam causam solum placuit, quod aliter non posset, quid in quaque re verisimile esset, inveniri, sed etiam quod esset ea maxima dicendi exercitatio.

Platon, Marmorbüste um 350 v. Chr. (München, Glyptothek)

4.2.4 K Zur formalen Logik

(Kommentierende Darstellung, Eckstein, S. 108)

Neben der Entwicklung der Bestimmungs-Kategorien hat sich Aristoteles als „Vater der Logik" natürlich auch mit den Begriffen der Formal-Logik, den Urteilen und Schlüssen befasst. Auf der Beziehung der Begriffe untereinander beruhen die Schlüsse oder Syllogismen (griech.: *syllogismoi*):
Aus zwei Urteilen (sog. Prämissen) wird der Schlusssatz (lat.:*conclusio*< *concludere*) abgeleitet. Voraussetzung ist, dass die beiden Prämissen einen Begriff, den sog. Mittelbegriff (M) gemeinsam haben. Es gibt 4 Figuren; drei von Aristoteles, die vierte von dem Arzt Galenus (129–199 n. Chr.), bei denen jeweils S den Subjektsbegriff, P den Prädikatsbegriff und M den Mittelbegriff bezeichnen:

1. M = P	2. P = M	3. M = P	4. P = M
S = M	S = M	M = S	M = S
Also muss:			
S = P	S = P	S = P	S = P

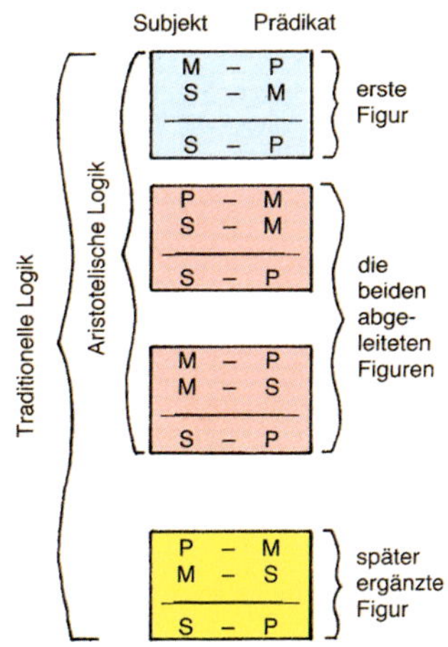

Die Figuren des Syllogismus (nach dtv-Atlas Philosophie S. 48)

Beispiele:

Zu 1. Jeder Baum ist eine Pflanze.
Jede Eiche ist ein Baum
Schluss: Jede Eiche ist eine Pflanze

Zu 2.: Radioaktive Stoffe geben Strahlen ab.
Uran gibt Strahlen ab.
Schluss: Uran ist ein radioaktiver Stoff.

Zu 3.: Lobenswert ist alles, was gut ist.
Was lobenswert ist, ist auch ehrenhaft.
Schluss: Alles, was gut ist, ist auch ehrenhaft.

4.2.3 **2 in contrarias partes disserere:** > PhW 4.3.3, S. 13 – **3 aliter:** auf andere Weise – **5 exercitatio < exercere** (> WBL, S. 10)

Schematische Darstellung der vier *causae* in Text 4.2.5 (nach dtv-Atlas Philosophie, S. 48)

4.2.5 Ein Beispiel für präzise Bestimmung: Die vier *causae* einer Erscheinungsform

(Seneca epist. 65, 4–6)

Aristoteles putat causam tribus modis dici:
‚Prima', inquit, ‚causa est ipsa materia, sine qua nihil potest effici; secunda (causa) opifex; tertia est forma, quae unicuique operi imponitur tamquam statuae (hanc Aristoteles *eídos* vocat), quarta quoque', inquit, ‚his accedit: propositum totius operis.'
Quid sit hoc, aperiam (in statua):

- Aes prima statuae causa est; numquam enim facta esset, nisi fuisset id, ex quo funderetur ducereturve.
- Secunda causa artifex est; non potuisset enim aes illud in habitum statuae figurari, nisi accessissent peritae manus.
- Tertia causa est forma, neque enim statua ista *doryphóros* vocaretur, nisi haec illi esset impressa facies.
- Quarta causa est faciendi propositum: nam nisi hoc fuisset, facta non esset. Quid est propositum? (Id,) quod invitavit artificem, (id,) quod ille secutus est, cum (statuam) fecit: Vel pecunia est haec, si venditurus fabricavit, vel gloria, si laboravit in nomen, vel religio, si donum templo paravit. Ergo et haec causa est propter quam fit …

4.2.5 **1 causa**: (hier) Bestimmungskategorie – **dicere:** *hier* ausdrücken – **3 opifex:** Künstler – **formam imponere:** Form geben – **4 *eidos:*** *(griech.)* Aussehen, Gestalt, Urbild – **propositum:** > PhW 4.3.1, S. 11 – **6 aperire:** offenkundig machen – **8 fundere:** *hier* aus Erz gießen – **ducere:** *hier* fertigen – **9 habitus:** Gestalt, Form – **10 figurare:** gestalten, formen – **11 *doryphóros:*** *(griech.)* Speerträger – **12 faciem imprimere:** *hier* Aussehen geben / einprägen – **16 laborare in:** auf etwas hinarbeiten

4.2.1–4.2.5 Aufgaben zur Interpretation

4.2.1 1. Ordnen Sie mit Hilfe des PhW die folgenden dt. Ausdrücke den entsprechenden lat. Formulierungen im Text zu: *Definition – Folgerung – Schlussfolgerung – Artenunterscheidung – Prüfung des Wahrheitsgehalts!*

4.2.2 2. Nennen Sie lateinisch und deutsch das „Werkzeug", dem Platon allein das Urteil über die Richtigkeit logischer Erwägungen zubilligt? Wie begründet er diese Meinung?

4.2.3 3. Fertigen Sie unter Einbeziehung der Gliedsätze nach einer Ihnen bekannten Methode ein Strukturbild dieses langen Satzes an!

4. Bestimmen Sie die Sinnrichtung der mit der Konjunktion ***Si*** eingeleiteten Gliedsätze, benennen Sie jeweils Modus und Tempus bei: T 4.1.2.1 (Z. 2): *..., si quis quaereret* – T 4.2.5 (Z. 7/8): *... numquam facta esset, nisi fuisset id, ex quo ... duceretur* – (Z. 9/10) *non potuisset ..., nisi accessissent* – (Z. 11): *non vocaretur ... nisi esset* – (Z. 16:) *pecunia est haec, si venditurus fabricavit!* Welche Aussageweise fehlt in den Beispielsätzen aus unseren Texten?

4.2.4 K 5. Nennen Sie weitere Beispiele für Schlüsse nach Figur I!

4.2.5 6. Diskutieren Sie anhand der Abbildung (S. 48) den logischen Aufbau des Textes 4.2.5!

4.3 Erkenntnistheorie

Unter **Erkenntnistheorie** versteht man vor allem „die wissenschaftlich-philosophische Untersuchung des Wesens, der Bedingungen, des Umfangs und der Grenzen wirklicher Erkenntnis durch den Menschen" (‚Der Große Knaur', S. 2136). Die antiken Philosophen wollten darauf aufmerksam machen, dass vieles, was wir zu erkennen glauben, auch Täuschung sein kann, also nicht unbedingt dem tatsächlichen Sein entsprechen muss. Dies gilt besonders für die Sinneseindrücke (> T 4.2.2 u. 4.2.3, S. 46/47).

Platon lehnte die bloße (oft täuschende) Sinneswahrnehmung und bloßes Meinen der Masse ab und hielt sich ausschließlich an die Erkenntnis des tätigen, suchenden Geistes, den er allein für fähig hielt, sich zu den unveränderlichen, wahrhaft seienden Ideen vorzutasten. **Hinter jeder einzelnen vergänglichen Erscheinungsform steht für ihn deren unvergängliche Idee** (> 4.3.2 u. 4.3.3, S. 50/51); **hinter jedem werthaften Verhalten von Menschen im Einzelfall die Idee der immer gültigen unabänderlichen Werte**; hinter dem einzelnen in der Lebenspraxis geübten Guten steht die unveränderliche Idee des **Guten an sich,** also **das, was wirklich ist** (griech.; *to ón* daher Ontologie)**.**

Die Erkenntnistheorie/Ontologie befasst sich also mit der Erkenntnis dessen, was wirklich ist und nicht nur uns so erscheint. Voraussetzung für wahres Wissen ist aber das Bewusstwerden des eigenen Schein- und Nichtwissens.

4.3.1 **Sokrates: „Ich weiß, dass ich nichts weiß“!** (Erasmus, Apophthegmata, III, S.175, 36)

Illud omnium maxime celebratur, quod Socrates dicebat „se nihil scire nisi hoc unum, quod nihil sciret“. – Inquirebat enim de singulis rebus tamquam ambiens, non quod re vera nihil haberet pro certo cognitum, sed hac ironia et suam declarabat modestiam et aliorum redarguebat arrogantiam, qui se profitebantur nihil nescire, cum re vera nihil scirent. Sophistae quidam publice profitebantur sese ex tempore responsuros (esse) ad omnem propositam materiam. Horum arrogantiam et inscitiam saepe accusabat Socrates.

4.3.2 Der für seinen Sarkasmus berühmte **‚kynische‘** (von griech.: *kyon, kynós* [der Hund], dem dt. *zynisch* entsprechend; > Abb. S. 51) **Philosoph Diogenes (404 – 323)** gerät in seinem nüchternen Realitätssinn mit Platon wegen dessen Ideenlehre aneinander:

Diogenes und Platons Ideenlehre (Erasmus, Apophthegmata III, S. 240, 24)

Platonis *idéas*, id est formas, risit et Aristoteles. Quodam igitur tempore, cum Plato multa de *idéis* dissereret et rem confictam confictis vocabulis explicare conaretur subinde in ore habens *menseitates* et *cyathitates,* per quas voces intellegebat species *mensae* et *cyathi*, Diogenes autem subtiles nugas,
„Mensam“, (Diogenes) inquit, „ac cyathum video; *menseitatem* et *cyathitatem* non video, quamquam sunt et hodie, qui *sorteitatibus* et *ecceitatibus* sibi videntur acuti.“
Plato reiciens (id) dictum, „Nec mirum (est)“, inquit, „nam oculos habes, quibus cernuntur cyathi ac mensae; at mentem non habes, qua cernuntur *menseitates* et *cyathitates*!“

4.3.1 **2 tamquam:** *hier* gleichsam – **ambire:** *hier* etwas von allen Seiten angehen – **3 re vera:** tatsächlich – **pro certo cognitum habere:** als sicher erkannt haben – **ironia:** Ironie, Sich-selbst-in-Frage-stellen – **declarare:** sichtbar machen – **4 redarguere:** > PhW 4.3.3, S. 13 – **arrogantia:** Anmaßung – **5 sophistae:** Sophisten (> T unter 4.1) – **ex tempore:** aus dem Stegreif – **6 materia:** > PhW 4.3.3, S. 13 – **7 inscitia** < **scire** (> auch WBL, S. 10)

4.3.2 **1 idéa:** > PhW 4.3.3, S. 13 – **forma:** > PhW 4.3.3, S. 13 – **2 (con-) fingere:** > PhW 4.3.1, S. 11 – **2 disserere:** > PhW 4.3.3., S. 12 – **3 subinde:** immer wieder – ***menseitates* et *cyathitates:*** die unveränderlichen Ideen (**species** > PhW 4.3.3, S. 13*)* von Tisch (**mensa**) bzw. Vase (**cyathus**, > Abb. S. 51), welche hinter dem konkreten, veränder-/zerstörbaren Gegenstand irgendeines Tisches oder einer Vase steht. – **vox:** *hier* Bezeichnung – **intelligere per:** verstehen unter – **4 subtiles nugae:** > spitzfindige Spielereien – **6 sorteitates et ecceitates:** (*hier* scherzhaft) Weissagungen und Flunkereien (von **sors** in der Bedeutung „Orakelspruch“ und **ecce** als überraschtes „Sieh da!“) – **sibi videri:** *hier* sich vorkommen – **acuti:** > PhW 4.3.1, S. 11

Zu Text 4.3.2: Verschiedene Formen von Trinkbechern und Amphoren

4.3.3 Cicero definiert die rein geistige Idee Platons (Cicero, orator 8)

Sed ego sic statuo: nihil esse in ullo genere tam pulchrum, quo non pulchrius id sit, unde illud – ut ex ore aliquo quasi imago – exprimatur; quod neque oculis neque auribus neque ullo sensu percipi potest: cogitatione tantum et mente complectimur.

4.3.4 K Kommentierende Aussage zu Platons Ideenlehre (nach Eckstein, S. 83 f.)

Wahrnehmung und Denken sind wesensverschieden, weil der Gegenstand des Denkens ein anderer ist als der der Wahrnehmung: dieser gehört in die Welt der Körper, jener in die (Welt) der Ideen. …

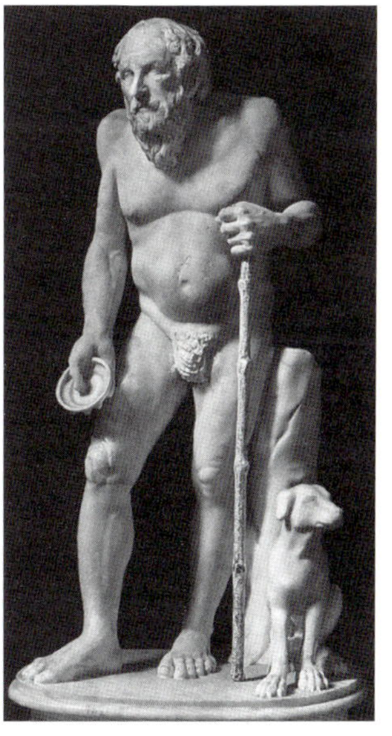

Restaurierte Diogenes-Statuette, Villa Albani

	Sinneswahrnehmung:	Denkerkenntnis:
Objekt:	Erscheinungsformen, Gegenstände, Dinge	mathematische Formeln, Ideen, Werte
Bereich:	Sinnenwelt, Werden und Vergehen	Ideenwelt, Welt des Seins
Zustand:	Zufälligkeit des Einzelnen	Gesetzmäßige Unveränderlichkeit des immer Seienden

---

4.3.3 **2 quo** – abl.comparationis – **3 ex ore imago:** *hier* Abbild, (Gesichts-) Maske – **exprimatur:** *hier* sich herausbildet – **5/6 cogitatio:** > Ph W 4.3.1, S. 11) – **cogitatione et mente complecti:** > geistig erfassen

4.3.5 B Realismus – Expressionismus – Impressionismus

Venus von Milo,
Paris, Louvre

Auch in der Kunst gibt es verschiedene Sicht- / Erkenntnisweisen der Erscheinungsformen, mit denen der Künstler aus seiner Sicht eine ganz bestimmte Wirkung erreichen will, z. B.: **Die naturgetreue, dem sinnlichen Erfassen entsprechende Wiedergabe**, bei der der Künstler dann versucht, die dahinter stehende Idealform sichtbar werden zu lassen (> Abb. rechts, Venus von Milo, 2. Jh. vor Chr.); oder eine nicht auf das äußerlich Sichtbare, sondern **auf den Ausdruck der dahinter wirkenden Empfindungen zielende (expressionistische) Darstellung dessen, was hinter dem äußeren Bild vorgeht.**

Pablo Picasso; Weinende Frau 1937,
London, Sammlung Penrose

4.3 Aufgaben zur Interpretation

1. Welche Eigenschaft unterscheidet Sokrates eindeutig von den Sophisten?
2. Klären Sie anhand der Textaussagen und mit Hilfe von Lexika den Begriff „Ironie"! Wo liegt die Ironie in Sokrates' Vorgehen?
3. Wie erklärt Platon dem Diogenes den Unterschied zwischen Erscheinungsformen und den dahinter stehenden Ideen?
4. Diskutieren Sie anhand der Texte 4.3.1 – 4.3.3 unter Einbeziehung von 4.3.4 K Platons Vorstellungen von seiner Idee!
5. Erarbeiten Sie anhand der Abb. auf S. 52 in zwei Arbeitsgruppen die Sichtweise des Künstlers und diskutieren Sie diese!

4.3.6 B Die Frage nach der Richtigkeit des jeweiligen Denkens und das Infragestellen von Erkenntnissen bewegt auch unsere Zeit durchaus noch, wie die folgenden Ausschnitte aus einem umfassenden „Grundthemen"-Aufsatz der Zeitschrift der Berliner Ärztekammer (Nr. 6/ 2003) zu diesem Thema belegen.

TITELTHEMA .....

Wo lassen Sie denken?

„Ich weiß, dass ich nichts weiß", sagte schon Sokrates. Ganz so streng sollten Ärzte mit sich denn doch nicht sein, aber es ist sinnvoll, eigenes Wissen immer wieder kritisch zu prüfen und sich dabei unabhängiger Quellen zu bedienen. Unser Themenschwerpunkt ist ein Plädoyer für ein dauerhaftes Infragestellen überlieferter medizinischer Wahrheiten. Bleiben Sie wachsam!

Von Rosemarie Stein 12

Und wer hilft Ihnen die Spreu vom Weizen zu trennen?

Blöder Titel, meinen Sie? Denn Sie denken lieber selbst? Gut so. „Habe Mut, dich deines eigenen Verstandes zu bedienen!" Nach Kant ist dies der Wahlspruch der Aufklärung; ein Gebot gegen Obskurantismus und Autoritätshörigkeit. Der Prozess der Aufklärung ist noch immer nicht abgeschlossen, in der Medizin schon gar nicht. Übrigens beträgt hier die „Halbwertszeit" des zunehmend komplexen Wissens nur noch ungefähr vier Jahre. Und jährlich erscheinen rund zwei Millionen medizinischer Fachbeiträge in zehntausend Zeitschriften. Wo lassen Sie lesen? muss man da wohl fragen. Wer hilft Ihnen, die paar Gold(standard)körner aus dem Informationsmüll zu fischen? Wenn Sie trotz allem Berufsstress auf dem letzten Stand bleiben und Ihren Patienten gesichertes neues Wissen nutzbar machen wollen, dann haben wir hier ein paar Tipps für Sie.

Der Maler Raffael hat Anfang des 16. Jh.s im Vatikan die Philosophenschule von Athen dargestellt: Hinten in der Mitte stehen (li.) Platon (427–347) und Aristoteles (382–322) als Vertreter von Akademie und Peripatos; Sokrates diskutiert auf der obersten Stufe (in Profilansicht mit Glatze) im Hintergrund links; im Vordergrund links sitzt Pythagoras mit einer physikalischen Zeichnung auf der Tafel; der Kyniker Diogenes (400–328) liegt entspannt auf der Treppe; Heraklit lehnt locker an seinem Pult.

5 Texteinheit 5: Die Ethik (pars moralis)

Zweifellos haben Menschen immer in irgendeiner Weise über ‚richtiges' Verhalten nachgedacht und gewisse aus Religion, Tradition und allgemeiner Übereinstimmung erwachsene Regeln für solches Verhalten gekannt. In Lehrschriften wie z. B. in den Werken von Hesiod wurden solche anerkannten Regeln festgehalten und verbreitet. Das bewusste Nachdenken *de bonis rebus et malis*, also über Gut und Böse, und das *distinguere bona et mala* als Kernstück der antiken Philosophie begann aber erst mit Sokrates und wurde von den vier großen Philosophenschulen (den Akademikern Platos, den Peripatetikern des Aristoteles, den Stoikern Zenons und den ‚Gartenphilosophen' Epikurs) wissenschaftlich vertieft.

Die philosophische Ethik untersucht das menschliche Verhalten und seine Regeln auf Werthaftigkeit hin, fixiert wirkliche Tugenden/Werte, stellt Untugenden kritisch dar und hinterfragt, welchen Einfluss und welche Auswirkungen werthaftes bzw. fehlerhaftes Verhalten auf das menschliche Leben haben kann. Ethik setzt sich die Erringung des höchsten Guts (*extremum, summum, ultimum bonum)* als Lebensziel *(finis)* und legt dar, inwieweit dementsprechende Verhaltensweisen dem Menschen ein glückliches Leben, also eine *vita beata,* und die Glückseligkeit (griech.: *eudaimonía)* schlechthin einbringen oder ihn ins Unglück führen können. Wie die folgenden Texte zeigen, ist diese ethische Erkenntnis eine Errungenschaft der klassischen antiken Philosophie.

5.1 Sokrates als „Erfinder“ der Ethik

5.1.1 Im Widerspruch zu den Sophisten (Cicero, Brutus 31)

His (sophistis) opposuit sese Socrates, qui subtilitate quadam disputandi refellere eorum instituta solebat. Huius ex uberrimis sermonibus exstiterunt doctissimi viri primumque tum philosophia – non illa de natura, quae fuerat antiquior, sed haec, in qua de bonis rebus et malis deque hominum vita et moribus disputatur – inventa est.

5.1.2 Von der Naturphilosophie zur Ethik (Cicero, Libri Academici, I 15)

„Socrates mihi videtur … primus a rebus occultis et ab ipsa natura involutis – in quibus omnes ante eum philosophi occupati fuerunt – avocavisse philosophiam et ad vitam communem adduxisse, ut de virtutibus et vitiis omninoque de bonis rebus et malis quaereret, caelestia autem vel procul esse a nostra cognitione censeret vel, si maxime cognita essent, nihil tamen ad bene vivendum (valere).“

5.1.3 Sine te alicui stultum videri! (Seneca, epist. 71, 7)

Socrates,

- qui totam philosophiam revocavit ad mores et
- hanc summam dixit esse sapientiam bona malaque distinguere.

„Sequere“, inquit, „illos (philosophos), si quid apud te habeo auctoritatis, ut sis beatus, et te alicui stultum videri sine! Quisquis volet, tibi contumeliam faciat et iniuriam, tu tamen nihil patieris, si modo tecum erit virtus.
Si vis“, inquit, „beatus esse, si fide bona vir bonus, sine contemnat te aliquis!“

5.1.1 **1 subtilitas:** > PhW 4.3.3, S. 13 – **refellere :** > PhW 4.3.3, S. 13 – **2 instituta:** > PhW 4.3.1, S. 11 – **uber:** reich, ergiebig – **exsistere:** (hier) hervorgehen – **4 bonae res et malae:** > PhW 4.3.4, S. 13

5.1.2 **1 res occultae et a natura involutae:** Phh 4.3.2, S. 12 – **2 occupari:** > PhW 4.3.1, S. 11 – **a … avocare ad … :** von (etwas) abziehen zu … – **3 vita communis:** > PhW 4.3.5, S. 14 – **bonae res et malae:** > PhW 4.3.4, S. 13 – **4 quaerere:** > PhW 4.3.3, S. 13 – **caelestia:** die „überirdischen“ Dinge – **cognitio:** > PhW 4.3.1, S. 11

5.1.3 **ÜS/5/7 sine! < sinere** (*mit A.c.I. oder Konj.*): lass zu, dass … – **2 revocare ad mores:** auf die Ethik zurückführen – **3 distinguere (bona et mala):** > PhW 4.3.3 (4.3.4), S. 12 – **5 contumelia:** Schande – **7 bona fide:** aufrichtig, zuverlässig

5.2 Voraussetzungen, Aufgaben und Ziele für die Ethik (> auch 1.5, S. 19)

5.2.1 Ethische Philosophie vermittelt nach Cicero drei wichtige Erkenntnisse

(Cicero, Tusc.disputationes V 71)

Hinc illa cognitio virtutis exsistit, efflorescunt genera partesque virtutum; invenitur,

- quid sit, quod natura spectet extremum in bonis, quid in malis ultimum,
- quo referenda sint officia,
- quae degendae aetatis ratio deligenda.

Quibus et talibus rebus exquisitis hoc vel maxime efficitur, quod hac disputatione agimus, ut virtus ad beate vivendum sit se ipsa contenta.

Sokrates, Marmorstatue, röm. Kopie nach einem Original des 2. Jh.s v. Chr. (London, British Museum)

5.2.2 Sokrates: Wissen und Erkenntnis sind Voraussetzung für werthaftes Verhalten

(Erasmus, Apophthegmata, III S.174, 33)

Scientiam (Socrates) dicebat unicum esse bonum, contra unicum malum ignorantiam,

quod, quicumque committunt rem iniustam, hoc peccant, quod ignorant, quid cuique sit tribuendum,

et (quod) qui fortes sunt, non alia re fortes sunt, nisi quod sciunt ea expetenda, quae vulgus existimat horrenda,

et (quod) qui intemperantes sunt, hoc errant, quod ea putant suavia aut decora, quae minime sunt.

Summum igitur bonum esse dicebat scientiam rerum expetendarum ac refugiendarum.

5.2.1 **1 hinc:** daraus (aus philosophischer Beschäftigung mit der Ethik) – **cognitio:** > PhW 4.3.1, S. 11 – **virtus:** > PhW 4.3.4, S. 13 – **efflorescere < florere – 3/4 natura:** > PhW 4.3.2, S. 12 – **extremum in bonis ... ultimum in malis:** > PhW 4.3.4, S. 13 –**5 referre aliquo:** > PhW 4.3.1, S. 11 – **officium:** > PhW 4.3.5, S. 14 – **6 aetatem degere:** sein Leben verbringen – **7 exquirere:** untersuchen, erforschen – **8 disputatio:** > PhW 4.3.3, S. 12 – **virtus: >** PhW 4.3.4, S. 13

5.2.2 **1 unicus:** einzig – **contra:** dagegen – **1/2 ignorantia < ignorare** (> WBL, S. 10 – **3 hoc ... quod:** deshalb ... weil, dadurch ... dass – **peccare:** > PhW 4.3.1, S. 11 – **6 expetere** – angehen, anstreben – **vulgus:** die große Masse – **7 intemperans:** maßlos – **8 minime:** keineswegs – **9 summum bonum:** > PhW 4.3.4, S. 13 – **res expetendae ac refugiendae:** > PhW 4.3.4, S. 13

5.2.3 Dies gilt auch im Staat

(Erasmus, Apophthegmata, VII S. 611, 18)

Antisthenes rogatus, quae res portenderet civitatibus exitium, „Cum in his", inquit, „nullum potest esse bonorum ac malorum discrimen!", sentiens eam rem publicam non posse consistere, ubi nec esset honos virtuti, nec poena scelerosis.

5.2.4 B Auch heute gilt: Ethik beruht auf Vernunft und Wissen

(Heinz-Horst Schrey, Einführung in die Ethik 1977, S. 99)

In einer rational begründeten Ethik erhalten die Vernunft und die mit ihr verbundenen Fähigkeiten den höchsten Stellenwert. Gefühle, Leidenschaften und Triebe müssen sich unterordnen. Diese Auffassung hat auch eine pädagogische und sozial fortschrittliche Konsequenz: Tugend, d. h. die Fähigkeit zum richtigen Handeln ist lehrbar, ist also nicht die Sache der Anlage oder der vornehmen Abstammung, sondern der richtigen Einsicht, die grundsätzlich jedem offen steht, sofern er ein mit Vernunft begabtes Wesen ist. …

Erkennen und Handeln werden als Einheit betrachtet, und nur derjenige, der das Gute erkannt hat, kann es auch tun. Fehlt einem Menschen die richtige Erkenntnis der Dinge, kann er auch nicht gut handeln. Er wird irren und fehlgehen, weil er das Schlechte für das Gute hält. **Tugend ist** demnach **richtiges Wissen in die Tat umgesetzt.**

5.1–5.2 Aufgaben zur Interpretation

5.1.1 1. Suchen Sie in den Texten 5.1.1 und 5.1.2 alle Formulierungen heraus, welche die durch Sokrates herbeigeführte große „Wende" in der antiken Philosophie bezeichnen!

5.1.3 2. Bestimmen Sie in den Zeilen 4–7 von T 5.1.3 den Modus aller Verbformen und geben Sie jeweils dessen syntaktische Funktion an!

3. Dieser Text bringt in ganz besonderer Weise das innere Wesen und Denken der „neuen" Philosophie des Sokrates, der Ethik, zum Ausdruck. Arbeiten Sie die dafür entscheidenden Formulierungen des Texts (z. B.: *sine te stultum videri* u. *si modo tecum erit virtus* heraus)

5.2.1 4. Diskutieren Sie die in diesem Text beschriebenen Aufgabenbereiche und Ziele der Ethik! Welchem höchsten Ziel dienen sie?

5.2.2 5. Weisen Sie durch ein Strukturmodell den rhetorischen Aufbau der Z. 1 – 6 nach!

6. Bestimmen Sie jeweils die Sinnrichtung der UT-Sätze (latein. Benennung!): T 5.1.2 (Z. 3:) *ut de virtutibus … quaereret … censeret* – T 5.1.3 (Z. 4/5:) … *sequere, ut sis beatus* – (Z. 7:) … *sine, contemnat te aliquis* – T 5.2.1 (Z. 8/9:) *efficitur, ut virtus sit contenta*

5.2.2 u. 5.2.4 B 7. Warum liegt der Kern von Sokrates' Aussage in der Formulierung *scientia rerum expetendarum et refugiendarum?* Weisen Sie in T 5.2.4 B die Fortwirkung der sokratischen Gedanken nach!

5.2.3 8. Inwiefern entspricht der Ausdruck *nullum bonorum ac malorum discrimen* der *scientia rerum expetendarum et refugiendarum*?

5.2.3 **1 portendere exitium:** den Untergang ankündigen – **2 discrimen:** > PhW 4.3.3, S. 13 – **3 virtus:** >PhW 4.3.4 – **scelerosus:** < scelus

Die vier Kardinaltugenden *prudentia, iustitia, fortitudo, temperantia* in der allegorischen Darstellung einer französischen Handschrift von 1403 nach Senecas verlorenem Werk *De officiis* von Jean Courtecuisse (Dresden, Sächsische Staatsbibliothek)

5.3 Die Entwicklung der Wertvorstellungen / *virtutes* als Grundlage ethischen Suchens und Verhaltens

Gewisse aus Religion, Tradition und allgemeiner Übereinstimmung übernommene und allgemein anerkannte (Grund-) Werte/ Tugenden bilden die Basis ethischen Verhaltens (> S. 54). Platon erwähnt erstmals in seiner *politeía* (Der Staat) IV 427 e 10–11 – Übers. F. Schleiermacher) vier solche Grundwerte, welche man später **Kardinaltugenden (*virtutes cardinales*)** nannte:

5.3.1 E „Ich denke, unsere Stadt, wenn sie anders richtig angelegt ist, wird ja auch wohl vollkommen gut sein." – „Notwendig", sagte er. – „Offenbar also ist sie
weise und **tapfer** und **besonnen** und **gerecht.**"

5.3.2 Eine grundlegende Definition für das Wort **‚Tugend / Wert'** (lat.: *virtus)* gibt Cicero in seinem Werk *De inventione* II 159:

Virtus est animi habitus naturae modo et rationi consentaneus.

5.3.2 **1 animi habitus:** Geisteshaltung, Denkweise – **naturae modus et ratio:** die vernünftigen Prinzipien der Natur – **consentaneus:** > PhWSch 4.3.1, S. 11

5.3.3 E Aristoteles' zielgerichtete (teleologische) Vorstellungen von *areté / virtus*

(Aristoteles, Nikomachische Ethik I 1094 a – 1098 a m. A. – Übers. F. Dirlmeier)

Jedes praktische Können und jede wissenschaftliche Untersuchung, ebenso alles Handeln und Wählen strebt nach einem Gut, wie allgemein angenommen wird. Daher die richtige Bestimmung von **„Gut"** (griech.: ***agathón***) als **„das Ziel** (griech.: ***télos***), zu dem alles strebt".

Es gibt offenkundig mehrere Ziele, ... nicht alle Ziele aber sind Endziele. Das oberste Gut aber ist zweifellos ein Endziel. ... Als solches Gut aber gilt in hervorragendem Sinn das **Glück** (griech.: ***eudaimonía***). Denn das Glück erwählen wir stets um seiner selbst willen und niemals zu einem darüber hinaus liegenden Zweck.

Wir nehmen nun an, dass die dem Menschen eigentümliche Leistung ist: ein Tätigsein der Seele gemäß dem rationalen Element oder jedenfalls nicht ohne dieses. Das oberste dem Menschen erreichbare Gut stellt sich also dar als ein Tätigsein der Seele im Sinne der ihr wesenhaften Tüchtigkeit (griech.: *areté*).

Aristoteles, römische Marmorbüste, 1. Jh. v. Chr., Rom, Kapitolin. Museen

Soviel zur ursprünglichen antiken Festlegung und Zielsetzung der Tugenden. Die vier Grundtugenden **Weisheit – Tapferkeit – Besonnenheit – Gerechtigkeit** wurden aber auch im Christentum anerkannt und durch die drei christlichen Tugenden

Glaube – Hoffnung – Liebe

zur klassischen Siebenzahl ergänzt (> Augustinus und Thomas von Aquin S. 61/62).

5.3.4 B Auch in den Seligpreisungen des Matthäus-Evangeliums sind indirekt *virtutes*

nach den sieben Kardinaltugenden (den vier antiken *fortitudo, temperantia, iustitia, prudentia* und den drei christlichen *caritas, fides spes > auch S. 85*) angesprochen, z. B.:

- Selig sind die Barmherzigen; denn sie werden Barmherzigkeit erlangen.
- Selig sind, die um der Gerechtigkeit willen verfolgt werden; denn das Himmelreich ist ihrer.

5.3.3 **Ü teleologisch:** vom angestrebten Ziel bestimmt, auf ein (gutes, werthaftes) Ziel gerichtet – **3** ***agathón*** *(griech.):* Gut bzw. werthaftes Verhalten (*lat.:* **bonum**) – ***télos*** *(griech.):* Ziel (> **teleologisch**) – **15** ***areté***: das griech. Wort entspricht weitgehend dem lateinischen Wort **virtus**

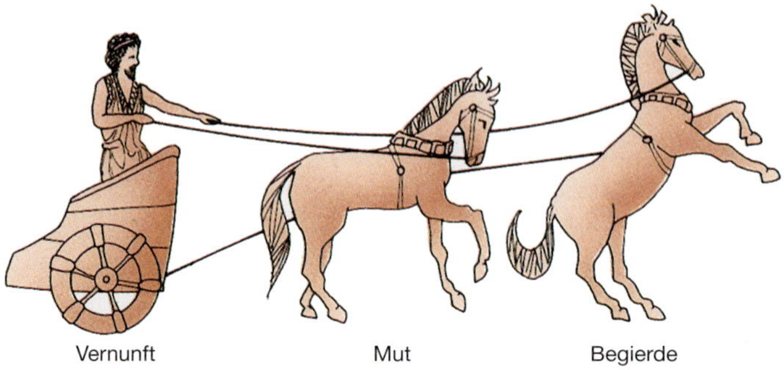

Der Lenker des Seelenwagens und seine Pferde (nach dtv-Atlas Philosophie S. 42 > auch T 5.3.5 B)

Die Weiterentwicklung der Wertvorstellungen

5.3.5 B Sehr anschaulich zeichnet ein Bild des Bischofs **Ambrosius (334 – 397 n. Chr.)**, – nach Platon – die Kardinaltugenden (> Abb. oben) :

Bischof Ambrosius und der Wagenlenker mit den 4 Pferden

(Ambrosius, De Isaac vel anima 8, 65, CSEL Bd. 32, I S. 687)

Anima ergo currus (est), qui bonum rectorem sustinet. Si currus est anima, habet equos vel bonos vel malos. Boni equi virtutes sunt animae, mali equi passiones corporis sunt. Bonus ergo rector malos equos restringit et revocat, bonos incitat.
Boni equi sunt quattuor: *prudentia – temperantia – fortitudo – iustitia*
mali equi sunt: *iracundia – concupiscentia – timor – iniquitas.*

5.3.6 B Bei den Kirchenvätern gelten die vier antiken Grundwerte weiter. **Augustinus (354–430 n. Chr.)** gibt folgende Definition der vier klassischen Tugenden, wobei die Definition der *iustitia* an Lactantius erinnert:

Quattuor virtutes

(Augustinus, Exegese zum Neuen Testament, De diversis quaestionibus LXX–XIII, quaest. 61,4 PL 40 Sp 51)

… quattuor animi virtutes (sunt), quibus in hac vita spiritualiter vivitur:
prudentia – temperantia – fortitudo – iustitia.

- Quarum prima est cognitio rerum appetendarum et fugiendarum;
- secunda refrenatio cupiditatis ab iis, quae temporaliter delectant;
- tertia firmitas animi adversus ea, quae temporaliter molesta sunt;
- quarta, quae per ceteras omnes diffunditur, dilectio Dei et proximi.

5.3.5 B **1 rector < regere – 2 passiones (= affectus):** > PhW 4.3.4, S. 13 – **3 restringere:** zurückdrängen, -halten – **4 temperantia** > PhW 4.3.4 S. 13 – **5 iracundia:** > PhW 4.3.4, S. 13 – **concupiscentia:** heftiges Verlangen, Begierde, Raffgier – **iniquitas < iniquus**

5.3.6 B **1 spiritualiter vivere:** sein Leben geistlich-religiös ausrichten – **2 temperantia** > PhW 4.3.4, S. 13 – **3 cognitio:** > PhW 4.3.1, S. 11 – **res appetendae et fugiendae:** > PhW 4.3.4, S. 13 – **4 refrenatio:** Zügelung, Zurückhalten – **temporaliter:** *hier* zeitweise, vorübergehend – **5 firmitas < firmus** (> WBL, S. 10) – **6 diffundi:** *hier* durchdringen – **dilectio < diligere** (> auch WBL S. 10)

Neuzeitliche Aussagen zur Bestimmung von Werten

5.3.7 B **Ausführungen zum Begriff „*Wert*“**:
(nach „Grundfragen philosphischer Ethik“, Auer-Verlag)

2. Der Mensch kann ihn (= den Wert) aufgrund seiner Fähigkeit des Wertens erkennen. Er erkennt das Wertvollsein eines Objekts. …

3. Im Wert verbinden sich drei „Handlungen“ des Menschen unauflöslich miteinander: Die Wahrnehmung des Werts, die gefühlsmäßige Bejahung als individuelle Stellungnahme und willentliches Streben zum Wert.

5. … Die Gesellschaft hat jeweils schon bestimmte Wertvorstellungen ausgebildet, die festlegen, welche Bedürfnisse als wertvoll zugelassen, welche unterdrückt und welche auf andere Werte verschoben werden.

6. Die geltenden Werte treten dem Individuum in Form von Geboten und Verboten (Normen) gegenüber.

7. Anhand dieser Vorgaben lernt der Einzelne zu unterscheiden, was nur von ihnen selbst als wertvoll definiert ist, und was er als verpflichtend wertvoll betrachten soll.

Augustinus, von Sandro Botticelli (1451–1510, Florenz, Chiesa degli Ognisanti)

5.3.1–5.3.8 Aufgaben zur Interpretation

5.3.1 E 1. Diskutieren Sie Platons Auswahl der vier Grundwerte *weise – tapfer – besonnen – gerecht*! Lassen sich weitere unter Platons vier *virtutes* unterordnen?

5.3.4 B 2. Versuchen Sie, den Unterschied zwischen den Wertvorstellungen Platons und Aristoteles’ herauszuarbeiten!

3. Verfolgen Sie die Entwicklung der Wert-Fixierungen von Platon über die Seligpreisungen der Bibel und der Kirchenväter bis zu Thomas von Aquins religiös-philiosophischer Darstellung (S. 62) weiter und beschreiben Sie die Art der Entwicklung! Welche neue intensiv-religiöse Betrachtungsweise bringt Thomas von Aquin ins Spiel? Auf welcher Grundlage erbaut Thomas seine Werte-Lehre?

5.3.7. B 4. Vergleichen Sie die neuzeitlichen Aussagen zu den Werten mit den antiken Texten! Nennen Sie Parallelen und Unterschiede!

5.3.8 B Thomas von Aquin (1225 – 1274), einer der führenden geistlichen Philosophen des Mittelalters, hat ebenfalls die vier antiken Tugenden ***prudentia, iustitia, fortitudo, temperantia*** als ***virtutes morales*** übernommen, sie religiös-theologisch gedeutet und eingeordnet und ihnen dann die drei christlichen Tugenden ***fides, caritas,*** **spes** (Glaube, Liebe, Hoffnung) als ***virtutes theologicae*** zugeordnet und deren Wesen und Bedeutung beschrieben, wie die folgende Übersicht zeigt (nach ‚Grundfragen philosoph. Ethik' S. 38, Auer-Verlag)

Thomas von Aquin (1225–1274)

G n a d e

Klugheit	**Gerechtigkeit**	**Tapferkeit**	**Mäßigung**
(prudentia)	*(iustitia)*	*(fortitudo)*	*(temperantia)*
Tugend der praktischen Vernunft	Tugend des Willens	Tugend des Mutes	Tugend der Steuerung des Begehrens
Moralische Tugenden (*virtutes morales)*			
Die natürliche Verfasstheit des Menschen			

Glaube	**Liebe**	**Hoffnung**
(fides)	*(caritas)*	*(spes)*
die gnadenhafte Vollendung der Vernunft	die gnadenhafte Vollendung des Willens in Bezug auf das Begehren	die gnadenhafte Vollendung des Willens in Bezug auf den Mut
Christliche Tugenden (*virtutes theologicae)*		

Beachten Sie die dazu auch die Übersichtstafel auf S. 85!

5.4 Zur Abgrenzung und Definition von Werten /virtutes

5.4.1 Eine Tugend, also werthaftes Verhalten, stellt nach Aristoteles immer eine maßvolle Mitte zwischen Extremen dar, z. B. die **Tugend ‚Sparsamkeit'** als Mitte zwischen den Extremen Verschwendung und Geiz. …

5.4.1.1 Verschwendung

(Erasmus, Apophthegmata VII, S. 661, 38)

Quibusdam sic excusantibus luxuriam suam, ut dicerent se ex eo, quod abundaret, facere sumptum, argutissime (Zenon) respondit „Ignosceretisne coquo, si, cum obsonia plus aequo salsa daret, diceret sibi copiam esse salis?", sentiens victum non esse moderandum ex rerum copia sed ex usu ac necessitate naturae.

Tugend als vernünftige Mitte zwischen falschen Extremen (nach dtv-Atlas Philosopie, S. 50)

5.4.1.2 Sparsamkeit der Vernunft

(Erasmus, Apophthegmata III S. 173, 28)

Socrates per forum ambulans, cum aspiceret mercium copiam, quae illic vendebantur, ita secum loqui consuevit: „Quam multis rebus ego non egeo! Ast alii cruciantur animo ita cogitantes: ‚Quam multa mihi desunt.' "

5.4.1.3 Geiz

(Erasmus, Apophthegmata VII, S. 640, 20 – 21)

In divitem quendam avarum et sordidum (Bion) ita locutus est: „Hic facultates suas non possidet, sed ipsum possident facultates!" – Divites avaros et sordidos dicebat ita facultatum suarum curam habere, quasi essent propriae; rursus ex iisdem nihil capere utilitatis, quasi essent alienae.

5.4.1.1 **1 excusare** > engl.:excuse – **3 sumptus:** Aufwand – **argutus:** geistreich, witzig – **4 coquus:** Koch – **5 obsonia plus aequo salsa dare:** die Zukost / (Fisch-) Speise versalzen vorsetzen – **7 victum moderari ex:** das Lebensnotwendige steuern/bestimmen nach – **8 ex usu ac necessitate naturae:** nach dem naturnotwendigen Bedürfnis

5.4.1.2 **1 merx,-cis:** Ware (*Pl.:* Warenangebot) – **illic < hic – 2 ast = at – 3 animo cruciari:** sich im Innern quälen

5.4.1.3 **1 avarus et sordidus:** auf schäbige Weise geizig – **facultates:** *hier* Vermögen, Reichtum – **sordidus:** schäbig – **3 curam habere** *(Gen.)*: sich kümmern um, verwalten – **rursus:** *hier* andererseits – **3/4 nihil utilitatis capere ex:** keinen Nutzen ziehen aus

5.4.2 … oder: **Maßvolle Zuwendung** als Mitte zwischen den Extremen **Übertriebenes Entgegenkommen** und **Vernachlässigung** (Erasmus, Apophthegmata I, S. 67, 92)

Interroganti, quo pacto quis regnum tuto possit servare, Theopompus „Si“, inquit, „amicis concedat iustam libertatem, pro viribus autem interim curans, ne subditi afficiantur iniuria!“.
Multis principibus exitio fuit, quod amicis nihil non permitterent, cives iniuria affectos neglegerent. Hic temperantia adhibenda est, ut princeps nec amicos alienet tyrannica saevitia nec patiatur illos regia familiaritate abuti ad quidvis audendum praeter ius adversus plebeios.

Weitere Definitionen für wertorientiertes Verhalten

5.4.3.1 Die *norma virtutis* (Erasmus, Apophthegmata VII S. 616, 48)

(Antisthenes) negabat sapientem vivere iuxta leges ab hominibus institutas, sed (vivere) iuxta normam virtutis, sentiens non ideo quid faciendum aut vitandum (esse), quia leges iubent aut vetant, sed quia ipsa ratio dictat hoc esse honestum illud turpe.
Leges non omnia praescribunt; at virtutis regula docet ubique,
quid sit honestum, quid turpe. Coacta virtus virtus non est.

5.4.3.2 *Honestum* und *turpe* sind nicht Ansichtssache! (Erasmus, Apophthegmata VII S. 618, 61)

Cum in theatro (> Abb. S. 65) populus Atheniensium tumultuaretur ob versiculum recitatum

„Quid turpe (sit), nisi turpe videatur hoc utentibus?“,

Antisthenes subiecit alterum (versiculum)

„Quid turpe (est), turpe est, sive credas, sive non!“

Eleganter correxit inutilem sententiam ut refert Plutarchus.

5.4.2 **1 quo pacto = quo modo – quis** nach **quo pacto = aliquis – tuto:** Adverb zu **tutus – 2 pro viribus:** nach Kräften – **subditi:** die Untergebenen – **4 exitio esse:** zum Verderben gereichen – **5 temperantia:** > PhWSch 4.3.4, S.3 – **alienare:** entfremden – **6 tyrannica saevitia** < **tyrannus** bzw. **saevus** (> auch WBL, S.10) – **familiaritas < familiaris** > WBL, S. 10 – **abuti:** missbrauchen – **quidvis:** > PhWSch 4.3.1, S. 11 – **7 praeter ius:** wider das Recht – **plebeii:** *hier* Bürger

5.4.3.1 **1 iuxta:** *hier* gemäß, nach – **leges institutae:** gegebene Gesetze – **2 norma:** Maßstab, Richtschnur – **ideo:** deswegen – **quid** nach **ideo = aliquid – 3 dictare:** vorgeben, festlegen – **honestum / turpe:** > PhWSch 4.3.4, S. 13 – **5 regula:** Richtschnur

5.4.3.2 **1 tumultuari:** empört / bestürzt sein – **versiculus:** Vers – **ob** *(Präp. beim Akk.)***:** wegen – **3 utentes:** *hier* die mit etwas befasst sind – **4 subicere:** *(hier)* entgegnen, entgegenstellen – **6 eleganter:** feinsinnig

Das Dionysos-Theater in Athen, das zu Ehren des Gottes des Weins und des Gesangs errichtet wurde. Am Südhang des Akropolis-Felsens gelegen, nützte das Theater das natürliche Gefälle des Geländes für den treppenförmig ansteigenden Zuschauer-Raum aus, der Platz für rund 20 000 Menschen bot.

5.5 Die Entwicklungsrichtungen der Ethik

Ausgehend von den ethischen Vorstellungen Platons, der aus seiner Ideenlehre (> T 4.3.2 – 4.3.3, S. 50–51) heraus unveränderliche von vorneherein (a priori) gegebene Werte / Tugenden annimmt, und der zielgerichteten (teleologischen) Ethik des Aristoteles (> T 5.3.3, S. 59), die auf das gute Ziel einer Handlung zusteuert, entwickelten sich zwei Grundrichtungen der ethischen Philosophie, die in dem Band ‚Ethik Aktuell' von J. Peters und B. Rolf (C. C. Buchners Verlag) wie folgt dargestellt werden:

5.5.1 B Deontologische und teleologische Ethik

- Eine Ethik heißt **deontologisch,** wenn die eine Handlung bestimmende Gesinnung, das Pflichtbewusstsein, ihre Grundlage ist (gr.: *tò déon* = das zu Tuende; das, wozu ich verpflichtet bin)
- Eine Ethik heißt **teleologisch**, wenn sie die Moralität einer Handlung anhand ihrer Folgen beurteilt (gr.: *télos* = Ziel, Zweck, Folge).

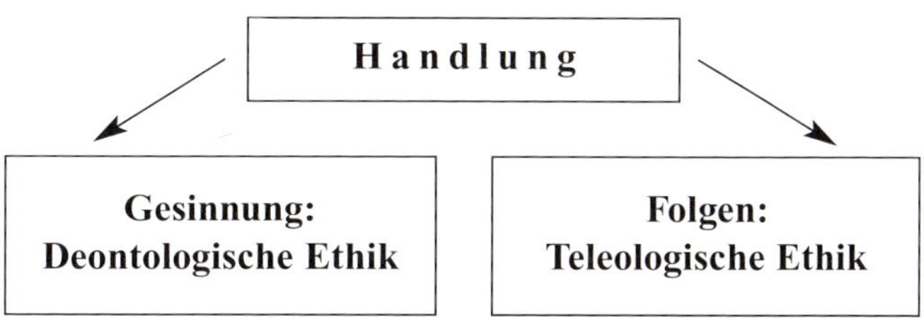

5.5.1 Deontologische Ethik

5.5.1.1 Menschen müssen a priori vorhandene Tugenden realisieren!

(Cicero, De finibus V 43)

Est enim natura sic generata vis hominis, ut ad omnem virtutem percipiendam facta videatur. … Nam
cum *ita* nati factique simus,
ut et agendi aliquid et diligendi aliquos et liberalitatis
et referendae gratiae principia in nobis contineremus,
atque (cum) ad scientiam, prudentiam, fortitudinem aptos
animos haberemus, a contrariis rebus (autem) alienos,
non sine causa eas, quas dixi, in pueris quasi virtutum scintillas videmus, e quibus accendi philosophi ratio debet.

5.5.1.2 B Drei Varianten des „kategorischen Imperativs" von Immanuel Kant (1724–1804) unterstellen den Menschen der Pflicht:

- Handle nur nach derjenigen Maxime (= Grundsatz), von der du zugleich wollen kannst, dass sie ein allgemeines Gesetz werde!
- Handle so, als ob die Maxime deiner Handlung durch deinen Willen zum allgemeinen Gesetz werden sollte!
- Handle so, dass die Maxime deines Willens jederzeit zugleich als Prinzip einer allgemeinen Gesetzgebung gelten könnte!

Der Philosoph Immanuel Kant (Kupferstich von 1791 nach einer Zeichnung von Hans Veit Schnorr von Carolsfeld)

5.5.2.1 B Teleologische Ethik

(B.Unterholzner, Grundfragen philosophischer Ethik, S. 64, Auer-Verlag, Donauwörth)

Die teleologische Ethik zieht eine **Gesamtbilanz aus nützlichen und schädlichen Folgen** einer Handlung und nennt sie „gut", wenn die nützlichen Folgen für die Betroffenen überwiegen. Dies bedeutet zweierlei: Einmal erkennt sie damit nicht an, dass es einen Bereich des **kategorisch Verbotenen** gibt. Zum Zweiten ist zu bedenken, dass dieser Typus einen außermoralischen Wert zur Rechtfertigung von Handlungen heranzieht, also etwa ihre Nützlichkeit oder Annehmlichkeit.

5.5.1.1 **ÜS: a priori:** von vornherein, schon gegeben – **1 generare:** erschaffen – **natura:** abl. orig. – **vis:** *hier* Veranlagung, Befähigung – **percipere:** aufnehmen – **2 ff.** Ⓚ Ordnen Sie: **videmus scintillas virtutum, cum ita … facti simus, ut … contineremus, atque cum animos haberemus** – **4 liberalitas:** Großzügigkeit – **5 referenda gratia:** *hier* Dankbarkeit – **principia continere**: *hier* den Urtrieb … in sich tragen – **7 contrariae res:** *(hier)* gegenteilige Haltung – **alienus a …:** ablehnend gegenüber – **8 scintilla:** Funken, kleiner Anfang – **9 ratio philosophi:** die Denkweise des weisen Mannes

5.5.2.2 Auf welche ethischen Ziele (téle) müssen wir hinsteuern?

(Erasmus, Apophthegmata II Chilon 28)

Ita moderandam (esse) vitam (Chilon) dixit, ut nec inferioribus sis terrori, nec superioribus despectui. Metui a subditis tyrannicum est, neglegentiae vero est sic agere, ut a maioribus contemnaris. Hoc et ad aetatem referri potest: Sic temperandi (sunt) mores, ut a iunioribus ameris potius quam timearis, a maioribus non contemnaris. Immodica severitas parit terrorem; somnolentia, vinolentia, incogitantia similiaque vitia gignunt contemptum.

5.4.1–5.5 Aufgaben zur Interpretation

5.4.1.1–5.4.3.2

1. Welcher sehr modernen Auffassung entspricht die Forderung nach einer Lebensführung *ex usu ac necessitate naturae* in T 5.4.1.1?
2. Arbeiten Sie in den vier Texten jeweils Mitte und Extrem der angesprochenen Tugend heraus!
3. In Text 5.4.3.1 gibt uns der Sokratesschüler Antisthenes eine ebenso knappe wie klare Definition für die Bedeutung des Wortes *Ethik*. Nennen Sie die entscheidenden Formulierungen und gehen Sie auf die Begriffe *norma, honestum* und *turpe* besonders ein!
4. Inwiefern reflektieren die Formulierungen *videatur* (5.4.3.2, Z. 3) und *est* (Z. 5) die Aussagen von 5.4.3.1 durch ein praktisches Beispiel aus dem Leben in Athen?
5. Nennen und bestimmen Sie näher alle in den Texten 5.4.2 und 5.5.1.1 vorkommenden Gerund- oder Gerundiv-Formen!. Wiederholen Sie – von *principium* ausgehend – die Substantive und Adjektive, die häufig den Genetiv des Gerunds oder Gerundivs nach sich haben (*consilium – potestas – occasio – facultas – cupiditas – ratio – ignarus – peritus*)!
6. Benennen Sie die folg. Gliedsätzen und begründen Sie den Konjunktiv: T 5.2.1 (Z. 3) ... *quid sit, quod spectet* – (Z. 5) ..., *quo referenda sint officia* – (Z. 6) *quae ratio deligenda sit* – T 5.2.2 (Z. 3/4) *ignorant, quid tribuendum sit*

5.5.1.1

7. Inwiefern vertritt T 5.5.1.1 hinsichtlich der Tugenden den *a priori*-Standpunkt Platons?
8. Arbeiten Sie mit je einer Arbeitsgrppe anhand der Texte 5.5.1 bis 5.5.2 die Kernaussagen des deontologischen und des teleologischen Standpunkts in der Ethik heraus! Diskutieren Sie dann das FÜR und WIDER der beiden Standpunkte! Rufen Sie sich dazu den Text 5.3.3 E; S. 59 von Aristoteles in Erinnerung!

5.5.2 B **1/2 inferior / superior:** der Unterlegene / Überlegene – **despectus < despicere – subditus:** der Untergebene – **3 referre:** > PhW 4.3.1, S11 – **4 potius quam:** mehr ... als – **5 severitas < severus – somnolentia:** Verträumtheit – **5 vinolentia:** Trunkenheit – **incogitantia:** Unbedachtsamkeit – **6 contemptus < contemnere**

5.6 Zu den Hauptbegriffen der antiken Ethik:

honestum – turpe – bonum – malum
ratio – virtus – vita beata – humanitas

Diese ethischen Begriffe wurden von allen vier großen Philosophenschulen (Akademie, Peripatos, Stoa und Epikureern) diskutiert und der jeweiligen Lehrmeinung entsprechend fixiert (> Übersichtstafel S. 84). Die folgenden Texte zeigen aber, dass die absolute **Vorrangstellung für das *honestum*** vor allem Gedankengut der stoischen Philosophie war, der auch Cicero zuneigte.

5.6.1 honestum propter se expetendum

(Cicero, De finibus III 36 u. 38 m.A.)

Omne autem, quod honestum sit, id esse propter se expetendum commune nobis est cum multorum aliorum philosophorum sententiis.
Ceteris omnibus philosophis haec est tuenda sententia, maxime tamen his (= Stoicis; > Abb. S. 69), qui nihil aliud in bonorum numero nisi honestum esse voluerunt.
Innumerabilia dici possunt in hanc sententiam, sed non necesse est: Nihil est enim, de quo minus dubitari possit quam (de eo) et honesta expetenda per se et eodem modo turpia per se esse fugienda.

Zenon von Kition (332–264), Begründer der Stoa
Bronzebuste, Kopie um 50 v. Chr., Nationalmuseum Neapel

5.6.2 *virtus* ist vollendete *ratio*

(Seneca, epist. 76, 10)

Quid est in homine proprium? *Ratio.*
Haec recta et consummata felicitatem hominis implevit. Ergo si omnis res, cum bonum suum perfecit, laudabilis est et ad finem naturae suae pervenit, homini autem suum bonum ratio est,
si hanc perfecit, laudabilis est et finem naturae suae tetigit.
Haec ratio perfecta *virtus* vocatur eademque honestum est.

5.6.1 **ÜS honestum / turpe:** > PhWSch 4.3.4, S. 13 – **2 commune nobis est cum:** vertreten wir gemeinsam mit – **4 tueri:** *hier* festhalten – **6 bonum:** > PhWSch 4.3.4, S. 13 – **7 velle:** > PhWSch 4.3.3, S. 13 – **8 innumerabilis** < numerare (>WBL, S.10) – **11 per se:** > PhWSch 4.3.3, S. 13

5.6.2 **1 proprius:** *hier* wesenseigentümlich – **ratio:** > PhWSch 4.3.3, S. 13 – **2 recta et consummata:** richtig zur Vollendung gebracht – **3 bonum suum perficere:** seine Qualität vervollkommnen – **(ad) finem naturae suae pervenire/tangere:** seine natürliche Bestimmung erfüllen – **6 virtus:** > PhWSch 4.3.4, S. 13 – **honestum:** > PhWSch 4.3.4, S. 13

Die von Zenon aus Kition um 300 v. Chr. gegründete Schule der stoischen Philosophie hatte ihren Namen nach der *Stoá poikíle,* einer Säulenhalle *(stoá)*, in der sich Stoiker zu ihren Diskussionen trafen. Die Abbildung zeigt die 1956 wieder aufgebaute Säulenhalle des Königs Attalos II. in Athen

5.6.3 Vernunftgemäßes Verhalten ist auch sittlich gutes Verhalten

(nach Seneca, epist. 66,12 ff. m. A.)

Sola ratio immutabilis et iudicii tenax est; non enim servit, sed imperat sensibus. Ratio rationi par est, sicut rectum recto par est; ergo et virtus virtuti (par est). Nihil enim aliud est virtus quam recta ratio. Omnes virtutes rationes sunt.

Qualis ratio est, tales et actiones eius sunt; ergo omnes pares sunt. Pares autem actiones inter se esse dico, qua honestae rectaeque sunt. … Ratio ergo arbitra est bonorum et malorum.

5.6.4 Nihil esse bonum nisi virtutem

(Cicero, Tusc.disp. V 21 ff.)

Zenoni (Stoico) placuit bonum esse solum, quod honestum est. Si id solum bonum est, quod honestum est, sequitur vitam beatam virtute confici, si vita beata in virtute est, (sequitur) nihil esse bonum, nisi virtutem.

Sed Brutus putat, etiamsi sit bonum aliquod praeter virtutem, tamen ad beate vivendum virtutem satis posse.

5.6.3 **1 ratio:** > PhWSch 4.3.3, S. 13 – **immutabilis et iudicii tenax:** unwandelbar und im Urteil beständig – **sensus:** > PhWSch 4.3.2, S. 12 – **2 par:** *hier* stets (sich selbst) gleich – **virtus:** PhWSch 4.3.4, S. 13 – **3 recta ratio/rationes:** *hier* richtiges, vernunftgemäßes Handeln – **4 actio:** > PhWSch 4.3.4, S. 13 – **5 qua:** insoweit – **honestus:** PhWSch 4.3.4, S. 13 – **arbitra:** Schiedsrichterin – **6 bona et mala** > PhWSch 4.3.4, S. 13

5.6.4 **1 honestum:** > PhWSch 4.3.4, S. 13 – **2 virtute confici:** sich im ehrenhaften Verhalten vollenden, –**4 putare:** > PhWSch 4.3.3, S. 13 – **5 satis posse ad:** (für sich) genügen für

5.6.5 Gellius definiert die *humanitas* (Gellius, Noctes Atticae 13, 17)

Qui verba Latina fecerunt quique his (verbis) probe usi sunt,
humanitatem
non id esse voluerunt, quod vulgus existimat quodque a Graecis
philanthropía
dicitur et significat dexteritatem quandam benevolentiamque erga omnes homines promiscuam, sed
humanitatem
appellaverunt id propemodum, quod Graeci *paideían* vocant, nos
eruditionem institutionemque in bonas artes
dicimus. Quas qui sinceriter percupiunt appetuntque, hi sunt vel maxime humanissimi. Huius enim scientiae cura et disciplina ex universis animantibus
uni homini data est idcircoque *humanitas*
appellata est.

5.6.6 Die *vita beata* als erstrebenswertes, oberstes Ziel! (Cicero, Tusc. disputationes V 48)

Iam vero qui potest vir bonus non ad id, quod laudabile sit, omnia referre, quae agit quaeque sentit?
Refert autem omnia ad beate vivendum.
Beata igitur vita laudabilis; nec quicquam sine virtute laudabile. Beata igitur vita virtute conficitur. …
Atque hoc sic enim concluditur: nec in misera vita quicquam esse praedicabile aut gloriandum, nec in ea vita, quae nec misera sit nec beata.

5.6.5 **1 verba Latina facere:** lateinisch sprechen / schreiben – **probe:** *hier* richtig – **3 velle:** > PhWSch 4.3.3, S. 13 – **vulgus:** die große Masse, die Leute – **4 *philanthropía*:** *(griech.:)* Liebe zum Menschen – **5 significare:** bezeichnen – **dexteritas:** Gewandtheit, Höflichkeit, Umgangsformen – **benevolentia:** Wohlwollen – **6 promiscuus:** ohne Unterschied, gleichmäßig – **8 propemodum:** beinahe, fast – ***paideía:*** *(griech.)* Bildung, Erziehung – **9 eruditio institutioque:** Unterweisung u. Ausbildung – **bonae artes:** die edlen Wissenschaften – **10 sinceriter:** rein, unverfälscht, ehrlich – **percupere et appetere:** mit aller Kraft erstreben – **11 disciplina:** > PhWSch 4.3.1, S. 11 – **animans:** > PhWSch 4.3.2, S. 12 – **12 idcircoque:** und deswegen

5.6.6 **1 iam vero:** vollends, schon gar – **qui:** > PhWSch 4.3.1, S. 11 – **referre:** > PhWSch 4.3.1, S. 11 – **3 beate vivere:** > PhWSch 4.3.4, S. 13 – **4 virtus:** > PhWSch 4.3.4, S. 13 – **5 virtute confici:** sich in ehrenhaftiem Verhalten vollenden – **6 concludi:** (logisch) erschlossen werden – **praedicabilis < praedicare**

5.6.7 B Das Weiterwirken der antiken Wertelehre

(Josef Piper, *Das Viergespann*, Vorbemerkung – Koesel-Verlag)

Als im platonischen *sympósion* der avantgardistische Intellektuelle Agathon … an der Reihe ist, eine Rede zu halten, eine Preisrede auf den Eros, gliedert er sie, ohne das zu begründen, nach den vier Grundtugenden: *Klugheit, Gerechtigkeit, Tapferkeit, Maß. …*
Diese gedankliche Struktur, die Aussageweise der „Tugendlehre" also, einer der großen Funde des menschlichen Selbstverständnisses, ist aus dem europäischen Bewusstsein nie mehr verschwunden. Sie ist geradezu in seinen elementaren Bestand eingegangen – und dies auf Grund einer jahrhundertelang durchgehaltenen Denkbemühung, an welcher sämtliche Ursprungskräfte des sich gründenden Abendlandes teilhaben, sowohl die Griechen (Platon, Aristoteles) wie die Römer (Cicero, Seneca) und das Judentum (Philon) nicht anders als das Christentum (Clemens von Alexandrien, Augustinus)

Zur Gesamtübersicht über die Ethik > Übersichtstafeln S. 84/85

5.6 Aufgaben zur Interpretation

5.6.1 1. Diskutieren Sie die Formulierung *per se expetenda* und greifen Sie dazu auf T 1.4.3, S. 18 und PhW 4.3.3, S. 13 zurück!

5.6.2 2. Sie kennen aus der formalen Logik (T 4.2.4) die consectaria (logischen Schlüsse) der Stoiker. Welcher solche Schluss ist in diesem Text (Z. 3–5) deutlich erkennbar ?

5.6.3 3. Welches besondere Wesen der *ratio* will Seneca mit den Formulierungen *immutabilis* und *ratio rationi par est* hervorheben? Beziehen Sie bei Ihren Überlegungen die Definition des reinen Seins bei Xenophanes und Parmenides ein: *quod esset unum et simile et idem semper!* Welcher Zusammenhang zwischen *ratio* und *virtus* wird aufgezeigt? Welche Bedeutung kommt in diesem Zusammenhang der Aussage *sensibus non servit, sed imperat* zu? Vergleichen Sie dazu Platons Aussage in T 4.2.2 auf S. 46!

5.6.4 4. Inwiefern liegt bei diesem Text formallogisch ein Schluss vor (> S. 47)? – Umreißen Sie näher den Unterschied in der Auffassung von *vita beata* zwischen Zenon und Brutus!

5.6.5 5. Erarbeiten Sie aus den Reallexika Ihrer Studienbücherei und aus dem Internet verschiedene mögliche Vorstellungen zum Begriff *humanitas!* Diskutieren Sie diese und stellen Sie dann die im Text von Gellius genannte Meinung des *vulgus* diesen Vorstellungen gegenüber! Beurteilen Sie dann die Definition des Gellius im vorliegenden Text und bilden Sie sich Ihre eigene Meinung!

5.6.6 6. Begründen Sie, warum die *vita beata* oder griechisch (nach Aristoteles) die *eudaimonía* eindeutig der teleologischen Ethik zuzurechnen ist!

Rekonstruktion des antiken Athen durch Leopold von Klenze, Hofbaumeister Ludwigs I. von Bayern

6 Die Staatsphilosophie (pars civilis – *to politikón*)

6.0 Wie wir schon bei den Sieben Weisen erfahren haben, stellten die meisten der namhaften Philosophen stets ihr Wissen und ihre Erkenntnis, viele auch ihre Person in den Dienst der Allgemeinheit und überzeugten durch ihre politische Tätigkeit in der Staatsführung. Alle griechischen Philosophenschulen haben sich deshalb auch mit der **Staatstheorie**, d. h.

- mit der gemeinschaftsbildenden Veranlagung des Menschen,
- mit Notwendigkeit, Aufbau und Führung seiner Staaten und
- mit deren Formen und ihren Auswirkungen

befasst, insbesondere Platon und Aristoteles in ihren jeweils ***politeía*** benannten Werken. Für die Römer war ihrem ganzen Denken nach die für die Staatslenkung angewandte, praktische Philosophie sowieso der entscheidende Bereich (> S. 7, Cicero, ***De re publica***).
So ging es der Staatsphilosophie stets um die Klärung folgender in den anschließenden Texten dargestellter Punkte:

- Der Mensch als gemeinschaftsbildendes Wesen;
- Welche der möglichen Staatsformen schafft für Staat und Bürger die besten Bedingungen?
- Wie verhalten sich Staatsbürger richtig?
- Welches sind die Voraussetzungen, welche die Herrschenden für ihr Staatsamt mitbringen müssen?
- Darstellung der Aufgaben und Pflichten der Herrscher.

Dass Staatskunst erlernt werden muss, darüber waren sich die Philosophenschulen ebenso einig wie darüber, dass Philosophen nicht abseits stehen können, wenn es um die Staatsgemeinschaft geht.

6.1 Homo animal sociale – (griech.:) *Anthropos zóon politikón estin*

6.1.1 Das *politikón*

(Nach Cicero, De finibus V 65 ff. m. A.)

In omni autem honesto, de quo loquimur, nihil est tam illustre quam coniunctio hominum inter homines et quasi quaedam societas et communicatio utilitatum et ipsa caritas generis humani. …
Nam sic hominis natura generata est, ut habeat quiddam ingenitum quasi *civile* atque *populare,* quod Graeci *politikón* vocant. Itaque quicquid aget quaeque virtus, id a communitate et a caritate ac societate humana non abhorrebit. … Quando igitur inest in omni virtute cura quaedam quasi foras spectans aliosque appetens atque complectens, exsistit illud, ut amici, ut fratres, ut propinqui, ut affines, ut cives, ut omnes denique … propter se expetendi sint.

6.1.2 Das Gemeinwesen müssen alle auch gemeinsam tragen

(Erasmus, Apophthegmata II S. 136, 10)

Intellexerunt illi (= Lacedaemonii), quantam utilitatem haberet communitas non adacta, sed ex mutua benevolentia proficiscens. Quod enim a Pythagora proditum est, amicorum communia esse omnia, id illi volebant in re publica sua quam latissime patere. Omnes enim cives inter se amici sunt, multo magis omnes eandem professi religionem. Postremo inter omnes homines, ob hoc ipsum, quod homines sunt, intercedere debet mutua benevolentia.

6.1.1 **1 honestum:** der Bereich des anständigen Verhaltens > auch PhW S. 13, 4.3.4 – **illustris:** bedeutend, herausragend – **1/2 coniunctio hominum :** PhW 4.3.5, S. 14 – **societas et communicatio utilitatum:** > Phh 4.3.5, S. 14 – **3 caritas generis humani:** > PhW 4.3.5, S. 14 – **4 generare:** er-/beschaffen – **4/5 quiddam civile atque populare:** ein gewisses Gefühl für die bürgerlich-staatliche Gemeinschaft – ***politikón*:** >PhW 4.3.5, S. 14 – **quaeque virtus:** jede Art von wertorientiertem Handeln – **6 communitas … caritas … societas:** > PhW 4.3.5, S. 14 – **non abhorrere a:** *hier* sich verbunden fühlen mit – **quando:** *(hier kausal)* da nun – **7 foras spectare:** nach außen blicken – **alios appetere et complecti:** die anderen in das eigene Streben mit einbeziehen – **8 illud:** *hier* jener Trieb – **affines:** Bekannte – **9 expetendi sint:** *hier* geschätzt werden müssen

6.1.2 **1 utilitas < utilis** (> auch WBL, S. 10) – **communitas:** > PhW 4.3.5, S. 14 – **2 adigere:** erzwingen – **mutua benevolentia:** wechselseitiger guter Wille – **proficisci:** *hier* hervorgehen – **4 quam latissime patere:** weitmöglichst verbreitet sein – **6 intercedere:** *hier* bestehen

6.2 Die möglichen Staatsformen

6.2.1 Grundformen des Staates ..., (Cicero, De re publica I 42)

Cum penes unum est omnium summa rerum, regem illum unum vocamus et regnum eius rei publicae statum. Cum autem est penes delectos (summa omnium rerum) tum illa civitas optimatium arbitrio regi dicitur. Illa autem est civitas popularis – sic enim appellant –, in qua in populo sunt omnia.
Atque horum trium generum quodvis – si teneat illud vinculum, quod primum homines inter se societate rei publicae devinxit – non perfectum quidem neque mea sententia optimum est, tolerabile tamen. ... Nam vel rex aequus ac sapiens vel delecti ac principes cives vel ipse populus, quamquam id est minime probandum, tamen ... posse videtur aliquo esse non incerto statu.

6.2.2 ... und deren mögliche Veränderungen (Cicero, De re publica I 65)

(Es spricht P. Cornelius Scipio Africanus Minor:)

... mihi dicendum (est) de commutationibus rerum publicarum. ...
Cum rex iniustus esse coepit, perit ilico illud genus, et est idem ille tyrannus, deterrimum genus et (tamen) finitimum optimo.
Quem si optimates oppresserunt, quod ferme evenit, habet statum res publica de tribus secundarium; est enim quasi regium, id est patrium consilium principum populo bene consulentium.
Sin per se populus interfecit aut eiecit tyrannum, (populus) est moderatior, quoad sentit et sapit et sua re gesta laetatur tuerique vult per se constitutam rem publicam.

6.2.3 Definition der Demokratie (Cicero, De re publica I 39)

Res publica est res populi! Populus autem est coetus multitudinis iuris consensu et utilitatis communione sociatus.

6.2.1 **1 penes :** > PhW 4.3.1, S. 11 – **summa omnium rerum:** > PhW 4.3.5, S. 14 – **2 status:** > PhW 4.3.5, S. 14 – **2 delecti:** Elite – **3 optimates:** > PhW 4.3.5, S. 14 – **arbitrium:** > PHW 4.3.5, S. 14 – **civitas popularis:** > PhW 4.3.5, S. 14 – **5 quodvis:** > PhW 4.3.1, S. 11 – **6 societas rei publicae:** > PhW 4.3.5, S. 14 – **devincire:** aneinander binden – **8 perfectus:** > das dt.Wort! – **7 tolerabilis < tolerare** (WBL S. 10)

6.2.2 **1 commutationes:** Umwälzungen – **2 ilico:** sofort – **deterrimus:** der schlechteste – **4 quem:** *(bezogen auf)* **regem – optimates:** > PhW 4.3.5, S. 14 – **ferme:** nicht selten – **status:** > PhW 4.3.5, S. 14 – **5 secundarius:** der zweitbeste – **regius:** königlich, nach Art einer Königsherrschaft – **patrium consilium** *(mit Gen.):* Staatsrat (bestehend aus **principum ... bene consulentium**) – **7 per se:** *hier* von sich aus – **moderatior:** recht maßvoll – **quoad:** solange – **8 sentire et sapere:** weise Einsicht haben – **res publica constituta:** > PhW 4.3.5, S. 14

6.2.3 **1 coetus:** > PhW 4.3.5 – **consensus iuris:** > PHW 4.3.5, S. 14 – **2 utilitatis communione sociatus:** zum gemeinsamen Nutzen verbunden

Die folgenden Thesen des Aristoteles zu den Grundformen des Staates verdeutlichen, dass die griechischen Denker in vielem Vorbild für die Römer wurden:

6.2.4 E Grundformen des Staats nach Aristoteles

(Aristoteles, Nikomach. Ethik VIII 1160 a 31 – b 22 – Übers. F. Dierlmeier)

Es gibt **drei Arten von Politverfassung** und eine gleiche Anzahl von Abarten (man kann auch sagen Zerstörungen) der Grundform. Die Grundformen sind:
Das **Königtum**, die **Aristokratie** und an dritter Stelle die auf der Einstufung nach dem Vermögen beruhende, für die der Namen **Timokratie** angebracht erscheint, obwohl die meisten sie einfach als Politie (Verfassungsstaat) zu bezeichnen pflegen.
Von diesen dreien ist die beste das Königtum, die schlechteste die Timokratie. Die Abart des Königtums ist die **Tyrannis**, denn beide bedeuten die Herrschaft eines Einzigen, aber der Unterschied ist außerordentlich groß:

- der Tyrann schaut nur auf seinen Vorteil, **der König** aber auf das Wohl der Untertanen; denn König ist nur, wer allseits unabhängig und an allen Gütern überlegen ist. In solcher Stellung aber hat er nichts weiter vonnöten: Auf persönlichen Vorteil wird er also nicht schauen …
- **Der Tyrann** verfolgt nur seinen persönlichen Vorteil. Vom Königtum verläuft die Entwicklung zur Tyrannis, denn die Tyrannis ist eine Entartung der Alleinherrschaft und ein schlechter König wird zum Tyrannen.

Aus der Aristokratie entwickelt sich die **Oligarchie** durch die Verderbtheit der herrschenden Schicht. Sie verteilen, was in der Polis zu teilen ist, nicht nach der Würdigkeit: … die Güter geben sie – alle oder zum größten Teil – sich selbst; die Ämter dauernd den gleichen Personen, denn oberstes Ziel ist ihnen der Reichtum. So wird die herrschende Schicht klein gehalten und es sind nicht die Besten, die ihr angehören, sondern die Schlechten.
Am wenigsten tief steht (unter den Abarten) die **Demokratie**, da sie nur in einem geringen Grade von der Form der Politie abweicht. Das also sind die Hauptformen der Veränderung von Politverfassungen.

6.2.5 Demokratie und Freiheit

(Cicero, De re publica I 47)

Nulla alia in civitate, nisi in qua populi summa potestas est, ullum domicilium libertas habet.

6.2.6

(Plinius, Epistulae VIII 24, 7)

Quid ordinatione civilius? Quid libertate pretiosius?

6.2.4 K **5 Politie** (von griech.***politeia***): Verfassungsstaat
6.2.6 **1 ordinatio:** Regelung, *hier* staatliche/öffentliche Ordnung – **civilis:** *hier* den Bürgern dienlich

Bronze einer Königsfigur (um 450 v. Chr.);
das Meisterwerk griechischer Kunst wurde in Riace
in Kalabrien gefunden
(Nationalmuseum in Reggio di Calabria)

6.2.7 Ein Musterbeispiel guten Königtums (nach Seneca, epist. 90, 5)

Illo ergo saeculo, quod *aureum* perhibent, penes sapientes fuisse regnum Pos(e)idonius iudicat.

- Hi continebant manus et infirmiorem a validioribus tuebantur;
- suadebant dissuadebantque et utilia atque inutilia monstrabant.
- Horum prudentia providebat, ne quid deesset suis,
- fortitudo pericula arcebat,
- beneficentia augebat ornabatque subiectos.

Officium erat imperare, non regnum; nec erat cuiquam aut animus in iniuriam aut causa, cum bene imperanti bene pareretur et nihil rex maius minari male parentibus posset, quam ut abiret e regno.

Sed postquam subrepentibus vitiis in tyrannidem regna conversa sunt, opus esse legibus coepit, quas tulere sapientes. Solon, qui Athenas aequo iure fundavit, inter septem sapientia notos fuit. Si Lycurgum eadem aetas tulisset, sacro illi numero accessisset octavus.

6.2.8.1 Iníqua númquam régna pérpetuó manént! (Seneca, Medea 196)

6.2.8.2 Ex maxima libertate tyrannus gignitur! (Cicero, De re publica I 68)

6.2.7 **1 perhibere:** *hier* nennen – **penes:** > bei, in Händen von – **3 continere manus**: die Massen im Zaum halten – **validus:** stark – **7 subiecti:** Untertanen – **8 animus in ...:** ein auf ... gerichteter Sinn – **9 minari:** androhen – **10 parentibus:** Partizip zu **parere**! – **11 subrepere:** sich einschleichen – **tyrannis, -idis:** Tyrannenherrschaft – **12 legem ferre:** > PhW 4.3.5, S. 14 – **Athenas aequo iure fundare:** in Athen Rechtsgleichheit begründen – **inter** *(m. Akk.)* **esse:** gehören zu – **septem sapientia noti:** die Sieben Weisen – **13 ferre:** *hier* hervorbringen –

6.2.8.1 **perpetuo:** Adverb

6.3 Voraussetzungen und Aufgaben für die Staatsführung

6.3.1 Auch Staatsführung muss erlernt werden! (Erasmus, Apophthegmata, III, S. 168, 12)

Dicebat (Socrates) vehementer absurdum esse ad publicos magistratus admitti (eos), qui numquam dederunt operam disciplinis, sine quibus nemo potest recte magistratum gerere.
Cumque nemo non detestaturus sit eum, qui clavo navis adsideret ignarus artis nauticae, multo magis detestandos (esse eos), qui – ignari politicae philosophiae – rem publicam capesserent. Neque eum putabat appellandum (esse) impostorem, qui a persuaso quopiam pecuniam acciperet, quod non posset reddere, sed illos magis impostores habendos (esse) dicebat, qui dolo persuaderent sese idoneos (esse) gubernandae rei publicae, cum sint homines nihili.

6.3.2 Der Weise darf nicht im ‚Elfenbeinturm' leben! (Cicero, De finibus III 68)

Cum ad tuendos conservandosque homines hominem natum esse videamus, consentaneum est huic naturae, ut sapiens velit gerere et administrare rem publicam.

6.3.3 Die Instrumente für qualifizierte Staatsführung (Cicero, Tusc.disputationes V 72)

Transeat idem iste sapiens ad rem publicam tuendam. Quid eo possit esse praestantius, cum
- contineri prudentia (sua) utilitatem civium cernat,
- iustitia nihil inde in domum suam derivet,
- reliquis utatur tot tam variisque virtutibus?

6.3.1 **1 absurdus:** < vom dt. Fremdwort – **admittere:** zulassen – **2 disciplinae:** > PhW 4.3.1, S. 11 – **3 magistratum gerere:** > PhW 4.3.5, S. 14 – **4–6** Ergänzen Sie **dicebat** (Socrates) – **4 cum:** da doch – **nemo non:** jeder – **detestari:** verfluchen (*hier: Erasmus ersetzt den fehlenden Konjunktiv Fut., den er für den CUM-Satz braucht durch* **detestaturus sit,** also PFA + Konjuntiv von **esse**) – **clavus:** Steuerruder – **clavo adsidere = ad clavum sedere** – **4/5 ars nautica:** Seewesen – **6 capessere rem publicam:** > PHW 4.3.5, S. 14 – **politica philosophia:** > PHW 4.3.5, S. 14 – **impostor:** Betrüger – **7 persuasus:** (*hier pass. Bedeut.*) einer, der überredet wurde – **quispiam:** > PhW 4.3.1, S.11 – **9 homo nihili** (*Gen. pretii*): ein Mensch ohne Wert/Können

6.3.2 **2 consentaneus** *(m. Dat.):* > PHW 4.3.1, S. 11 – **natura:** > PhW 4.3.2, S. 12 – **velle:** *hier* den Willen haben

6.3.3 **1 transire ad:** zu etwas übergehen – **eo:** abl.comparationis – **2 praestans < praestare – cum:** *hier* als wenn – **3 contineri prudentia:** durch Weisheit gesichert sein – **utilitas civium:** > PhW 4.3.5, S. 14 – **4 iustitia:** > PhW 4.3.5, S. 14 – **derivare:** abzweigen – **5 virtutes:** *hier* Fähigkeiten

Tonscherbe *(Ostrakon)* mit dem eingeritzten Namen *Aristeides* (Sohn) *des Lysimachos*

6.3.4 E Sokrates will sogar den Philosophen als Herrscher

(Platon, *politeía* 473 c 7 – d 5 – Übers. F. Schleiermacher)

Es soll also gesagt werden und sollte es mich auch mit Gelächter überschütten: ‚Wenn nicht‘, sprach ich, entweder die Philosophen Könige werden in den Staaten oder die jetzt sogenannten Könige und Gewalthaber wahrhaft und gründlich philosophieren, und also dieses beides zusammenfällt, die Staatsgewalt und die Philosophie, eher gibt es keine Erholung von dem Übel für die Staaten …‘

6.3.5 Vorbildliche Korrektheit und Unbestechlichkeit (Erasmus, Apophthegmata V S. 399, 4)

(Aristides) cum Graecis tributa indixisset, tanto pauperior rediit, quantum consumpserat in itinere. Atqui in tali genere functionis solent alii *‚messem optimam metere‘*. Quo magis ille cavit, ne quid suspicionis eiusmodi sibi concitaret ; proinde suis impendiis rem gessit. Cum versus, quos scripsit Aeschylus, in theatro recitarentur

„**Neque** enim **videri** at **esse** studet vir **optimus**,
segetem profundam mente studiosa colens …“,

totus populus in Aristidem vertit oculos agnoscens hoc laudis in eum competere.

6.3.6 Macht und Milde! (Erasmus, Apophthegmata V S.440, 11)

Admonebat (Cato senior), ut, qui potentes essent, parce uterentur sua potestate, quo semper uti possent, sentiens potentiam clementia comitateque fieri diuturnam, ferocia brevem.

6.3.5 **1 tributa indicere:** die Abgabenhöhe (Steuerlast) mitteilen – **2 atqui:** > PhWSch 4.3.1, S. 11 – **genus functionis:** Amtsstellung – **2/3 messem optimam metere:** reiche Ernte einbringen; *hier* „kräftig absahnen“ – **3 suspicio < suspicere** (> auch WBL, S. 10) – **concitare = excitare – proinde:** deshalb – **suis impendiis:** auf eigene Kosten – **6** Ⓚ**:** Ordnen Sie **neque optimus videri at esse studet vir – 7 seges profunda:** ein reiches Saatfeld – **8 agnoscere:** anerkennen – **competere in:** zutreffen auf

6.3.6 **1 parcus**: *hier* zurückhaltend – **quo = ut ea – comitas:** *hier* Güte – **3 ferocia < ferox**

Lange Zeit als philosophisches Gespräch Platons missdeutetes Mosaik der Sieben Weisen (Neapel, Nationalmuseum; Kopie eines späthellenistischen Gemäldes)
v. links: Periander, Kleobulos, Thales, Solon, Chilon, Bias, Pittakos

6.1–6.3 Aufgaben zur Interpretation

6.1.1.

1. Mit welchen Formulierungen bestätigt der Text die Kernaussage der Kapitelüberschrift *Homo animal sociale* ? In welchen Wert-Bereich heben die Feststellungen *in omni honesto* (Z. 1) und *in omnni virtute* (Z. 7) das *civile / populare / politikón*?
2. Benennen Sie die Redefigur bei *ut amici ut fratres, ut propinqui* …! Welche Wirkungsabsicht verfolgt der Autor?

6.1.2

3. Bilden Sie 3 Arbeitsgruppen, die vom Standpunkt der Pythagoreer (> T 3.2.1.2, S. 29), der Spartaner (T 6.1.2) und aus moderner politischer Sicht das *amicorum communia esse omnia* untersuchen und dann kritisch diskutieren!

6.2.2 bis 6.2.8

4. Bereiten Sie in Arbeitsgruppen mit Hilfe von Real-Lexika oder Internet-Auskünften eine kritische Diskussion zu den Staatsformen vor! Vergleichen Sie die Darstellung der Staatsformen durch Cicero (6.2.1 / 6.2.2 u. Abb.) mit der des Aristoteles (6.2.4 E u. 6.2.8 K m. Abb.)! Nennen Sie Übereinstimmungen und Unterschiede!

6.2.6

5. Diskutieren Sie anhand des Plinius-Zitats *ordinatio* und *libertas* als Pole staatlichen Lebens!

6.3.1 bis

6. Wiederholen Sie die bei Gerund / Gerundiv möglichen Konstruktionen anhand der in T 6.3.1 bis 6.3.3 vorkommenden Beispiele!
7. Bewerten Sie – auch aus der Sicht unserer Zeit – kritisch die Darlegungen des Sokrates zur Ausbildung von Staatsführern!
8. Wie begründen Cicero (6.3.2 und 6.3.3) und Sokrates (6.3.4) in diesen Texten die Pflicht des Philosophen, sich in die Staatsführung einzubringen? Nennen Sie die Gründe im Einzelnen!

6.3.5

9. Benennen Sie bei folg. Gliedsätzen aus den Texten S. 77 u. 78 Gliedsatzart und Sinnrichtung, und begründen Sie den Modus:
   T 6.3.1 (Z.4): *cum … detestaturus sit* – *qui … adsideret* – (Z.7) *qui … acciperet* – T 6.3.2 (Z.1) *cum … videamus* – (Z.2) *ut sapiens velit …* – T 6.3.3 (Z.2) *cum cernat … derivet … utatur* – T 6.3.5 (Z.1) *cum … indixisset* – (Z.3/4) *cavit, ne … concitaret* – (Z.5) *cum… recitarentur* – T 6.3.6 (Z.1) *ut, qui essent, … parce uterentur*

Anhang

1. Zusammenfassende Übersichtstafeln zu den einzelnen Einheiten

1.1 Die vorsokratische Naturphilosophie

1.1.1	Die jonischen Naturphilosophen aus Milet			Die Pythagoreer
	Thales 624–546	Anaximander 611–546	Anaximenes 585–525	Pythagoras 580–500
Richtung und Ziele der Forschung	Das WOHER der Dinge Kosmologie/ Kosmogonie / Suche nach dem Urstoff Erkenntnis der verfügbaren und nachweisbaren Kräfte der Kosmogonie			Beschäftigung mit *der Seele und deren Erziehung in Harmonie* Zahlenbedeutung Suche nach religiös-ethischen Grundregeln.
Ergebnisse der Forschung	Stoff und Kraft sind ein natürliches Ganzes. Urstoff ist das Wasser, aus dem alles entstanden ist.	Alles entsteht aus dem Unendlich-Unbegrenzten, dem *ápeiron*. Dieses Unendliche ist Urstoff und Ursprung (*arché*).	Urstoff ist die unendliche Luft, aus der alle seienden Dinge durch Verdünnung und Verdichtung entstehen wie z. B. Feuer, Wasser und Erde.	Neue Form der menschlichen Gemeinschaft mit Ordensmerkmalen Seelenwanderung Zahlenlehre und Zahlensymbolik Sphärenharmonie.
Wichtige Formulierungen	(Thales) primus de talibus rebus quaesivit. Aquam dixit initium rerum esse, deum autem eam mentem, quae ex aqua cuncta fingeret.	Infinitatem naturae dixit esse, e qua omnia gignerentur. „Woraus das Werden in den seienden Dingen ist, in das hinein geschieht auch ihr Vergehen."	Postea Anaximenes infinitum aera dixit esse; sed ea, quae ex eo orirentur, definita; gigni autem terram. aquam, ignem; tum ex his omnia.	Nulla anima interit, ne cessat quidem nisi tempore exiguo, dum in aliud corpus transfunditur. Pythagorei ex numeris volunt proficisci omnia.
Besondere Erkenntnisse und Leistungen	Sonnenfinsternis vorausberechnet; Berechnung der Pyramidenhöhe am Schatten; Thaleskreis Gleiche Scheitelwinkel bei sich schneidenden Geraden.	Erste Vorstellung von einem astronomischen Weltbild: Die Erde muss schweben; es gibt nicht nur eine Halbkugel über uns, sondern auch unter uns.	Erste Erkenntnis, dass der Mond sein Licht von der Sonne empfängt. Die Sonne hat im Kosmos eine beherrschende Stellung.	Pythagoreischer Lehrsatz – Die Addierung aufsteigender ungerader Zahlen ergibt Quadratzahlen (Potenzen): z. B. $1+3=2^2$ $1+3+5=3^2$ $1+3+5+7=4^2$ $1+3+5+7+9=5^2$ Identität von Arithmetik und Geometrie.

1.1.2 Heraklit Werden u. Vergehen — **Die Eleaten** im Gegensatz zum unvergänglichen Sein — **Anaxagoras** der *nous*

Heraklit aus Ephesos 540–480	Xenophanes aus Kolophon 670–475	Parmenides aus Elea um 515–445	Anaxagoras aus Klazomenai um 500–428
Untersuchung von Werden und Vergehen Scheidung des geistigen Prinzips von der Materie	Unterscheidung des ewigen, unvergänglichen SEINS vom WERDEN.	Klärung des Begriffs des reinen SEINS Zusammenhang von Denken und Sein Differenzierung von SEIN und NICHTSEIN	Frage nach der Ursache von Bewegung und Ordnung im Bereich der Materie. Frage nach der lenkenden Funktion des *nous*.
Alles fließt in fortwährendem Werden und Vergehen Vernunft (*lógos*) als Urfeuer und Weltprinzip	Bekämpfung des Polytheismus und der damaligen anthropomorphen Gottesvorstellungen; Es existiert nur ein einziger Gott.	Meinungen sind Schein Nur Denken ist SEIN Denken heißt Seiendes denken Werden ist Übergang aus dem Nichtsein in das Sein.	Alle Vorgänge werden *vi ac ratione mentis* gelenkt Kein Ding entsteht oder vergeht: es mischt sich aus oder scheidet sich von bereits Vorhandenem.
In idem flumen bis descendimus et non descendimus. Omnia solet ad igneam vim referre. Krieg ist der Vater von allem.	Unum esse omnia dixit neque id esse mutabile; et id esse deum neque natum umquam et sempiternum.	(Eleatici philosophi), qui id bonum solum esse dicebant, quod esset unum et simile et idem semper.	Anaxagoras primus discriptionem et modum omnium rerum vi ac ratione mentis infinitae confici voluit.
Scheidung des geistigen Prinzips von der Materie. Entdeckung der trügerischen Rolle der Sinneswahrnehmung.	Wies die frühere Bedeckung der Erde durch das Meer durch Funde und Versteinerungen nach; er begründet so die geologische Forschung.	Parmenides entwickelt den Begriff des reinen Seins; damit wird die bisherige Kosmologie zur Ontologie. Er geht von der Erkenntnis des Gegenstands, nicht vom Gegenstand der Erkenntnis aus.	Anaxagoras stellt Geist und Seele in den Mittelpunkt der Philosophie Entstehen ist Sich-Mischen; Vergehen ist Sich-Trennen.

1.1.3 Die Mechanisten und Atomisten

	Empedokles aus Akragas 495–435	Leukipp aus Milet um 440 geb.	Demokrit aus Abdera 495–435
Richtung und Ziele der Forschung	Suche nach dem Ewigen und Unvergänglichen in der Welt. Wie sind die Elemente (Feuer, Erde, Luft und Wasser) diesem Ewigen zugeordnet?	Suche nach Material und Zustand des als Seiendes anerkannten Alls. Erklärung des leeren Raumes als das nicht Seiende.	Ausformung der Forschungen Leukipps zu einer festen Lehre. Suche nach Belegen für diese materialistische Weltsicht. Begründung dieser Lehre.
Ergebnisse der Forschung	Die Materie ist das SEIN, es gibt einen Wechsel der Formen, bei stets gleicher Quantität. 4 Elemente: Feuer, Luft, Wasser, Erde.	Das All besteht aus unendlich vielen, immer bewegten Elementen, den Atomen, die sich als Seiendes im leeren Raum als Nichtseiendem bewegen.	Nichts existiert als die Atome u. d. leere Raum. Dieser Bestand ist ewig Alles Werden ist mechanische Bewegung. Kein Ding entsteht ohne Ursache (Druck der Notwendigkeit).
Wichtige Formulierungen	Verbindung und Trennung der Elemente sind die Bewegungsursache. Quattuor enim naturas, ex quibus omnia constare censet, divinas esse vult.	Leukipp nahm als zahllose und in ewiger Bewegung befindliche Elemente die Atome (= unteilbare, kleinste Materieteilchen) an.	Democritus atomos, quas appellat, id est corpora individua …, censet in infinito inani … ita ferri, ut concursionibus inter se cohaerescant, ex quo efficiantur ea, quae sint, … omnia.
Besondere Erkenntnisse und Leistungen	Gesetz von der Erhaltung des Stoffes: Das Sein kann nur dem zuerkannt werden, was bleibenden Bestand hat; das aber ist die Materie. Begründer der mechanischen Weltauffassung.	Entwicklung einer „Atomtheorie" ohne jeden experimentellen Hintergrund, was aus heutiger Sicht kaum vorstellbar ist.	Erkenntnislehre des Demokrit: Sowohl die sinnliche Wahrnehmung (z. B. von Bildern) wie auch das Denken erfolgen dadurch, dass Bilder und Vorstellungen von außen an uns herangetragen werden.

1.2	**Sophistische Dialektik:** Alleswissen- und Obsiegenwollen			**1.3 Sokrates'** Elenktisches Verfahren
	Protagoras aus Abdera 481–411	Gorgias aus Leontinoi 483–375	Thrasymach aus Chalkedon Ende des 5. Jh.	Sokrates aus Athen 470–399
Richtung und Ziele der Dialektik	Alles wird kritisch hinterfragt. Alles wird in Frage gestellt. sog. ethischer Relativismus • Die Dialektik will ursprünglich die schwächere Sache zur stärkeren machen; • überall Bescheid wissen; sich jeder Frage stellen; • Erkenntnistheoretischer Nihilismus; • Gerechtigkeit und das Gerechte ist das, was dem Stärkeren und Herrschenden nützt.			Widerlegung von Scheinwissen; Erkennen des eigenen Unwissens; sog. Ironie des Sokrates bei der Suche nach Wissen; Herausschälen der Wahrheit auf diese Weise.
Ergebnisse, Thesen, Folgerungen	Der Mensch wird zum Maß aller Dinge (homo-mensura-Satz)	These: 1. es ist nichts; 2. wenn etwas wäre, wäre es nicht erkennbar; 3. wenn etwas erkennbar ist, ist es nicht vermittelbar.	Die Rhetorik steht immer im Vordergrund. Macht siegt über Recht; Gerechtigkeit dient immer dem Stärkeren.	Fragende und prüfende Gedankenleistung; Nichtwissen ist besser als Falschwissen; Maieutik (Hebammenkunst) bei der Ermittlung wahren Sachverhalts
Wichtige Formulierungen	De divis neque ut sint, neque ut non sint, habeo dicere. Portagoras ait de omni re in utramque partem disputari posse.	Se ad omnia, de quibus quisque audire vellet, esse paratum denuntiavit. Eine Rede wirkt nur im richtigen Zeitpunkt *(kairós)*	*Der Gerechte ist gegenüber dem Ungerechten überall im Nachteil.* *So zeigt sich, dass die Ungerechtigkeit stark (und) frei macht.*	Nihil adfirmat ipse; refellit alios; nihil se scire dicit. „Haec est una hominum sapientia: non arbitrari se scire, quod nesciant."
Besondere Erkenntnisse und Leistungen	Erkenntnis der Schwankungen von Sinneswahrnehmungen	Ursprung des extremen erkenntnistheoretischen Nihilismus	„Wer seinen Mitbürgern Geld und Gut nimmt und sie auch noch zu Sklaven macht, wird glücklich, ja glückselig genannt."	Id consecuti sumus, ut nostram ipsi sententiam tegeremus, errore alios levaremus et in omni disputatione, quid esset simillimum veri, quaereremus.

1.4 Ethik: Übersicht zur Entstehung und Entwicklung der Wertvorstellungen

	Platon (Akademie) 427–347	Aristoteles (Peripatos) 383–323	Zenon (Stoa) 334–264	Epikur (*képos*) 341–270
Richtung und ethische Zielsetzung der Philosophie	Von der Erforschung der Naturentwicklung zum positiven Zusammenleben der Menschen Welche Gesinnung muss unser Handeln bestimmen?	Bestimmung der Zielsetzung für das ethische Handeln	Überwindung der emotionalen Affekte und *perturbationes*; Bestimmung des einzigen, obersten Gutes, des *honestum*	Befreiung von der durch Begierden und Leidenschaften verursachten Angst. Glück durch Freude u. Ausgeglichenheit.
Ergebnisse der Philosophie	Es gibt à priori feste Werte. An diesen Werten (virtutes) orientiert und von ihnen gelenkt können wir ethisch und gut handeln.	Nur zielgerichtetes Handeln, das immer nach einem Gut strebt, führt zum höchsten Gut, der *eudaimonía* (Glückseligkeit).	Sittlich gutes Verhalten *honestum* als höchstes Gut gibt Zufriedenheit und führt zur seelischen Ruhe (tranquillitas = *ataraxía*).	Summum malum est vivere cum dolore; ultimum bonorum cum voluptate vivere.
Wichtige Formulierungen	… in una virtute positam esse beatam vitam …, ut fines bonorum dicerent secundum naturam vivere.	Ea enim vita expetitur, quae sit animi corporisque expleta virtutibus in eoque summum bonum poni necesse est.	… et honesta expetenda (esse) per se et eodem modo turpia per se esse fugienda; ad beate vivendum virtutem satis posse.	Non posse iucunde vivi, nisi sapienter, honeste iusteque vivatur; nec sapienter, honeste, iuste, nisi iucunde.
Leistungen Erkenntnisse	(Socrates) totam philosophiam revocavit ad mores. Summum bonum est scientia rerum expetendarum ac refugiendarum. Findung der vier Kardinaltugenden *fortitudo, iustitia, temperantia, prudentia*	Begründung der teleologischen Ethik Tugend als Mittelmaß zwischen Extremen Schaffung der Logik als Werkzeug für die Philosophie	Virtus ad beate vivendum est se ipsa contenta Rerum causas alias ex aliis aptas et necessitate nexas esse. Tranquillitate humana et citeriora considerare	Ideal des absoluten Individualismus: Tugend ist nicht um ihrer selbst willen wichtig, sondern weil nur sie ein angenehmes Leben gewährleisten kann.

1.5 Übersicht zu den Grundwerten (virtutes Cardinales)

Die 4 klassischen Grund-Werte (Virtutes Cardinales)	Die 4 „Unwerte“ (vitia Cardinalia) (christlich: affectus od. passiones corporis)
Klugheit (*prudentia*) Wissen/Kenntnisse – Einsicht – Übersicht Durchblick – Lernfähigkeit – Überlegte Planung – (selbst-)kritisches Denken	Unklugheit (*imprudentia)* – Unwissen – Unkenntnis – Informationsmängel Mangelhafte Lernbereitschaft –
Tapferkeit (*fortitudo*) Mut – Furchtlosigkeit – Kühnheit Standhaftigkeit – Charakterstärke – Offenheit	Feigheit (*timiditas*) Zaudern – Mutlosigkeit – Angst Überängstlichkeit – Nachgiebigkeit – Falschheit
Besonnenheit (*temperantia*) Weise Mäßigung – Bedürfnislosigkeit – Demut – Enthaltsamkeit – Zurückhaltung – Disziplin, Selbstbeherrschung	Gier / Begierde (*concupiscentia*) Maßlosigkeit – Anspruchsdenken –Geltungs-bedürfnis – Habgier – Geiz – Anmaßung –Leiden-schaft/Emotionen – Unbeherrschtheit
Gerechtigkeit (*iustitia*) Rechtsempfinden – Korrektheit – Integrität – Gleichbehandlung – Rechtsgleichheit – Selbstlosigkeit	Ungerechtigkeit (*iniquitas*) Willkürliche Rechtsauslegung – Mogelei – Betrug/Korruption – Skrupellosigkeit – Bestechlichkeit – Rechtlosigkeit – Eigennutz

Ergänzt durch die christliche Trias:

Liebe (*caritas*) Selbstlos-altruistische Zuwendung – Soziales Denken und Handeln – Solidarität – Nachsicht – Toleranz	Hass, Feindseligkeit (*iracundia*) Egoistisch-asoziales Verhalten – Eigennutz – Selbstsucht – Neid – Hass – Unnachsichtigkeit – Intoleranz – Undankbarkeit
Hoffnung (*spes*) Positive Grundeinstellung und Handlungswillen – Optimismus Aktive Lebensführung – Entscheidungsfähigkeit	Verzweiflung (*desperatio*) Negativ-depressive Lebenshaltung – Pessimismus – passive Lebensführung ohne Aktionstrieb – nicht entscheidungsfähig
Glaube (*fides*) Metaphysisches Denken – Glauben an das Gute – Gottvertrauen Gebundenes Verhalten	Unglauben (*impietas)* Fehlender Glaubenshalt – Aberglauben – Beschränkung des Denkens auf das Physisch-Faktische – Ungebundenes Verhalten

2. Eigennamenverzeichnis

Im Eigennamen-Verzeichnis sind jeweils bewusst nur die wichtigsten Daten enthalten, welche für die Lektüre benötigt werden. Wo Informationen schon vorne bei den Texten stehen, wird darauf verwiesen, um Dopplungen zu vermeiden. Bei griechischen Eigennamen steht in der Namensspalte die griechische Originalform mit entsprechendem Akzent (abgesehen von den Namen, die nur in lateinischer Form im Text vorkommen), in der Informationsspalte die übliche deutsche Sprechweise.

Aétios	Aetius, um 100 n. Chr., ‚Doxograph', stellt die ältere Philosophiegeschichte mit dem Werk ‚Die Sätze der Naturlehre' dar (Bei > Plutarch überliefert)
(lat.:) Academici (Academia)	die ‚akademischen' Philosophen der von > Platon gegründeten Philosophenschule Akademie (griech.: *Akadémeia*) beim Heiligtum der Heros Akádemos
Agáthon	Agathon aus Athen, um 448 geb., bedeut. Intellektueller, Tragödiendichter
Aíschylos	Aéschylus aus Athen, um 525–465, Archeget der griech. Tragödiendichter bekannteste Werke: *Die Perser, Sieben gegen Theben, Die Orestie*
Ambrósius	Ambrósius aus Trier, 337–397 n. Chr., Bischof von Mailand (> auch S. 60)
Anácharsis	Anácharsis, skythischer Fürst 6. Jh., einer der Sieben Weisen (> S. 22)
Anaxagóras	Anaxágoras aus Klazomenai, um 500–425, Naturphilosoph (> 3.2.4, S. 33)
Anaxímandros	Anaximánder aus Milet, um 610–540, ion. Naturphilosoph (> S. 25)
Anaximénes	Anaxímenes aus Milet, um 580–520, ion. Naturphilosoph (> S.26/27)
Antisthénes	Anstísthenes aus Athen, 450–365, Anhänger des > Sokrates, aber von den Sophisten beeinflusst
Antonius	Marcus Antonius, Konsul 44 v. Chr., Freund und Legat Caesars
Aristeídes	Aristídes aus Athen, gest. 467, überaus korrekter und ehrenhafter athenischer Staatsmann mit dem Beinamen „Der Gerechte", Mitbegründer des attischen Seebunds (> auch S. 78)
Arístippos	Aristípp aus Kyrene, 425–355, Schüler des > Sokrates, aber von den Sophisten beeinflusst
Aristotéles	Aristóteles aus Stageira, 383–322; Gründer der > peripatetischen Philosophen-Schule (> auch T 5.3.3, S. 59)
Attici	Die Bewohner der Landschaft Attika um Athen
Augustinus	Augustinus aus Thagaste in Numidien, 354–430, Religionsphilosoph und Bischof, einer der Kirchenväter; bekannt. Werk *De civitate Dei* (> S. 60)
Balbus	Freund und Zeitgenosse > Ciceros, Vertreter der stoischen Lehre
Bías	Bías aus Priene; Mitte 6. Jh. v. Chr., einer der Sieben Weisen (> 2, S. 20/22)
Bion	Bion aus Borysthenes, um 300–250, einflussreicher Popularphilosoph
Bíton	> Kleobis
Brutus	Freund Ciceros, römischer Quaestor und Praetor, überzeugter Stoiker
Caligula	Caligula, röm. Kaiser von 37–41 n. Chr., Sohn von Germanicus u. Agrippina
Cato (senior)	Marcus Porcius Cato, 234–149 v. Chr., 204 Quästor des P. Cornelius Scipio Africanus, als *homo novus* senatorische Laufbahn, 195 Konsul, 184 Censor; überaus strenge Amtsführung; unversöhnlicher Feind Karthagos
Chílon	Chílon aus Sparta, 6. Jh. v. Chr., einer der Sieben Weisen (> 2, S. 20/21)
Cicero M. Tullius	M. Tullius Cicero aus Arpinum, 106–43, röm. Politiker u. Redner, (> S. 6 / 7)
Clemens Alexandr.	Clemens von Alexandria, bedeut. christlicher Lehrer, gest. vor 215 n. Chr.
Clodius Pulcher	Gegenspieler > Ciceros, betrieb nach Catilinas Tötung die Verbannung Cic.s
Demókritos	Demokrít aus Abdera, 460–370, Naturphilosoph (> auch 3.3.2, S. 35 f.)
Descartes René	R. Descartes aus Frankreich,1596–1650, Philosoph u. Mathematiker
Diogénes	Diógenes aus Sinope, um 400–328, Begründer der kynischen Philosophie, die Bedürfnislosigkeit aber auch eine rigorose Lebensweise predigte (>S. 51)
Dionysios	Dionysius II., Tyrann v. Syrakus, sein Statthalter Dion rief Platon nach Syrakus

Eleatici philosophi	Philosophen der eleatischen Schule (> Xenophanes, Parmenides, Zenon von Elea S. 31), welche die Erforschung des SEINS betonten
Empedoklés	Empédokles aus Akragas (lat. Agrigentum), um 500–430, Naturphilosoph u. Physiker (> Mechanisten, T 3.3.1.1, S. 34/35)
Epíkouros	Epikúr aus Samos, 341–270, Begründer der epikureischen Philos. (> S. 17)
Erásmus	Erasmus aus Rotterdam, 1466–1536, (> ausführlichen Lebenslauf 3.4, S. 9)
Eukleídes	Euklid aus Megara; um 450–380, Schüler des > Sokrates, der sich vor allem der eleatischen Philosophie widmete (> Eleatici)
Euripídes	Eurípides aus Salamis, um 485–406, der jüngere der drei großen griechischen Tragödiendichter (bekannteste Werke, ‚Alkestis', ‚Medea', ‚Elektra', ‚Herakles')
Géllius	Aulus Gellius aus Rom, 2. Jh. n. Chr., Verfasser der *‚Noctes Atticae'* mit vielen Zitaten aus Werken von Autoren, die uns verlorengegangen sind
Gorgías	Górgias aus Leontinoi, um 485–380, Schüler des > Empedokles (> S. 41)
Habermas Jürgen	geb. 1929, bedeutender Sozialphilosoph der Frankfurter Schule; Mitbegründer der sogenannten Diskursethik (sozial-ethische Denkweise)
Hartmann Nicolai	aus Riga, 1882–1950, Prof. für Philosophie an verschied. Universitäten
Herákleitos	Heraklít aus Ephesos, um 540–480, Naturphilosoph (> 3.2.3, S. 32/33)
Hérmippos	Hermípp aus Smyrna, um 200 v. Chr., letzter hellenistischer Biograph
Heródotos	Hérodot aus Halikarnass, um 484–425, weitgereister Geschichtsschreiber
Hesíodos	Hesiód aus Kleinasien, um 700 v. Chr., epischer Dichter, bekannte Werke *Theogonia* und *Erga kai hemérai'* (Werke und Tage)
Híppasos	Hippasos, Pythagoreer aus Kroton, von > Aristoteles erwähnt (Metaphysik A 984 a 7)
Hippías	Híppias aus Elis, jüng, Zeitgenosse des > Protagoras, Sophist (> 4.1.3, S. 42 f.)
Hippólytos	Hippolyt aus Rom, Beginn des 3. Jh.s nach Chr., frühchristl. Schriftsteller
Jaspers Karl	1883–1969, Prof. für Philos. in Heidelberg, Vertreter des Existenzialismus
Jonas Hans	1903–1993, deutsch-amerikanischer Gelehrter, Verantwortungsethik
Kant	Immanuel Kant, 1724–1804, lehrte eine rigorose philosophische Ethik
Kleisthénes	Kleísthenes (sp. 6. Jh. v. Chr.) Staatsmann, Reformer der athen. Verfassung
Kléobis	(> auch Biton) Kléobis und Bíton, Söhne der argivischen Herapriesterin Kydíppe; trugen das Joch des Wagens, auf dem ihre Mutter zum Opfer fuhr
Kleóboulos	Kleóboulos aus Lindos, einer der Sieben Weisen (> 2.0, S. 20)
Kroísos	(lat. Croesus) Kroesus, um 595–525, sagenhaft reicher König von Lydien
Lactantius	Laktanz, um 260 geb., röm. Redelehrer; vermutlich Lehrer von Kaiser Konstantin; trat zum christlichen Glauben über. In seinen Hauptwerken *Divinae insstitutiones* und *De ira dei* verband er christl. u. philosophisches Denken
Lakedaímones	lat. Lacedaemonii; die Lazedämonier oder Spartaner
Léon	Tyrann in der Stadt Phleius südwestl. von Korinth, 2. Hälfte 6. Jht
Leúkippos	Leukípp aus Milet, Mitte des 5. Jh. v. Chr., Begründer der Atomlehre (> S. 35)
Lykoúrgos	Lykúrg aus Sparta, 9. Jh. v. Chr., Gesetzgeber der Spartaner
Menoíkeus	Menoíkeus, sonst unbekannter Brief-Freund Epikurs
Messalina	25–48 n. Chr., sehr ausschweifende dritte Frau von Kaiser Claudius
Mýson	Myson aus Chen, nach Streichung Perianders wegen Tyrannei zu den Sieben Weisen gezählt
Nausiphánes	Nausíphanes aus Teos, 360–300, steht der Philosophie > Demokrits nahe
Nero	Nero, röm. Kaiser von 54–68 n. Chr., durch seine Grausamkeit bekannt (> Seneca, S. 8)
Nikómachos	Nikómachos, Sohn des Aristoteles, nach dem dieser seine Ethik benannte
Ovídius	P. Ovídius Naso, röm. Dichter, *Metamorphosen*, 43 v. Chr.–18 n. Chr.
Parmenídes	Parménides aus Elea, um 515–445, vorsokrat. Philosoph (> 3.2.2, S. 31 f.)
Peisistratos	Tyrann in Athen (561/60), Festiger der timokratischen Verfassung Athens

Períandros	Periánder aus Korinth, um 600–550, einer der Sieben Weisen (> 2, S. 20 f)
Periklés	Périkles aus Athen, um 495–429, berühmter Staatsmann und Stratege
Perípatos Peripatetici	von > Aristoteles gegründete philosophische Schule der Peripatetiker *Peripatetici*, die in einer Wandelhalle (von griech. *peripateîn:* umhergehen) diskutierten
Philon v. Alexandria	25. v. Chr.–40 n. Chr., geistig.-philosophischer. Führer des Judentums
Píttakos	Píttakus aus Mytilene, 2. Hälfte 6. Jh., einer der Sieben Weisen (> 2, S.20 f)
Pláton	Platon aus Athen, 427–347, Begründer der > Akademie (> auch S. 50)
Ploútarchos	Plutárch aus Chaironeia, um 45–125 n. Chr., philosophischer. Schriftsteller und Biograph
Polýbios	Polybius aus Megalopolis, um 200–120, hellenistischer Historiker
Plinius	Plinius der Jüngere, 61–111 n. Chr., bekannt durch seine veröffentl. Briefe
Poseidónios	Poseidonius aus Apameia, 131–51 v. Chr., Philosoph und Historiker
Protagóras	Protágoras aus Abdera, um 480–410, Archeget der Sophistik (> S. 41)
Pythagóras	Pythágoras aus Samos, um 570–480, hörte >Thales (> S. 28 ff.)
Schleiermacher Fr.	1768–1834, Theologe und Philosoph, bekannt durch Platon-Übersetzung
Scipio (P. Cornelius) Africanus minor	Erfolgreicher röm. Feldherr u. Staatsmann (185?–129), 147 v. Chr. Konsul auf Volkswunsch; von > Cicero zum Idealbild des Aristokraten stilisiert
Scythae	ein nördl. des Schwarzen Meeres angesiedelter, iranischer Volksstamm
Séneca	Seneca aus Cordoba, 4 v. Chr.–65 n. Chr., römischer Philos. der stoischen Richtung und Tragiker (> ausführlichen Lebenslauf unter 3.2, S. 7/8)
Sextus Empeírikos	Sextus Empírikus aus Chaironeia, 2. Jh. n. Chr., skeptischer Philosoph
Simplíkios	Simplícius aus Alexandreia, 6. Jh. n. Chr., Neuplatoniker
Sokrátes	Sókrates (lat. Sócrates) aus Athen, 470–399, Begründer des ethischen Bereichs der Philosophie und ethischer Popular-Philosoph (> auch 4.3.1, S. 50 und 5.1, S. 55)
Sólon	Solon aus Athen, um 640–560, Gesetzgeber, einer der Sieben Weisen, hatte 594 als „Schiedsmann" (*diallaktés*) außerord. Vollmachten (> S. 20 f)
sophistae	die Sophisten; Redelehrer > S. 40 f
Sotion v. Alexandria	1. Hälfte des 2. Jh.s v. Chr., Biograph der Philosophiegeschichte
Stoici	Philosophen der stoischen (von > Zenon initiierten) Richtung
Téllos (lat. Tellus)	von Solon dem Kroisos als Muster eines glücklichen Menschen genannt
Thalés Milésios	Tháles aus Milet, 1. Hälfte des 6. Jh.s, Naturphilosoph, einer der Sieben Weisen (> 2.1, S. 20 und 3.1.1, S. 24/25)
Themistoklés	Themístokles aus Athen, um 524–459, Staatsmann und Gegenspieler des > Aristides, rüstete Athen zur Seemacht um
Theóphrastos	Theophrást aus Eresos (Lesbos), 371–287, Schüler und bedeutender Nachfolger des > Aristoteles in der Leitung des > Peripatos
Theópompos	Theopómp aus Chios, geb. 376 v. Chr., Historiker und Rhetor
Thomas von Aquin	Führender geistlicher Philosoph des Mittelalters 1225–1274, (> S. 62)
Thrasýmachos	Thrasymaschus aus Chalkedon, Ende des 5. Jh.s, Sophist in Athen (> 4.1.4, S. 43)
Weber Max	Soziologe und Nationaloekonom (1864–1920)
Xenophánes	Xenóphanes aus Kolophon, 570–475, vorsokrat. Philosoph (> 3.2.2, S. 31)
Zenon	Zenon aus Elea, um 490–430 v. Chr., Schüler des Parmenides (S. 31)
Zenon	Zenon aus Kítion, 334–264, Begründ. der stoischen Philos. (> S. 68/69)
Zweig Stefan	1881–1942, Schriftsteller (Novellen), Biograph, Lyriker, Dramatiker

3 Verzeichnis der verwendeten und verwendbaren Literatur

Zu Cicero:

a) Ausgaben:

Wilkins A.S., M. Tulli Ciceronis, Rhetorica (Brutus, Orator), Oxford, 1978

Reynolds L. D., M. Tulli Ciceronis, De finibus bon. et mal. libri V, Oxford, 1998

Schiche Thomas, M.Tullius Cicero, De finibus bonorum et malorum, Bibl. Teubneriana, Leipzig 1915, ND 1961

b) Ausgaben mit Kommentar / Übersetzung:

Gigon/Straume-Zimmermann, M. Tullius Cicero – Über die Ziele des menschlichen Handelns, Tusculum, lat.-dt. mit Komm., Mü./Zürich, 1988

Gerlach/Bayer Karl, M. Tullius Cicero – Vom Wesen der Götter *De natura deorum,* lat.-dt., mit Komm., München, 1978

Gigon Olof, M. Tullius Cicero – Gespräche in Tusculum *Tusculanae disputationes,* lat.-dt. mit Anm., Düsseldorf–Zürich, 1998

Rackham H. MA, Cicero – Academica *Libri Academici,* Harvard University Press, London, 1961, 7. Auflage

c) Begleitlektüre zu Cicero:

Büchner Karl, Das späte Cicero-Bild, Darmstadt, 1971, WdF 27

Fuhrmann Manf., Cicero, Eine Biographie, München, 1989

Gelzer Matthias, Cicero, Ein biographischer Versuch, Wiesbaden, 1969

Gelzer/Büchne, Kroll/Philippson, M. Tullius Cicero, Sonderdruck des RE-Artikels, Stuttgart, o. J.

Zu Seneca:

a) Ausgaben:

Reynolds L. D., L. Ann. Senecae Ad Lucilium epistulae Morales, Oxford, 1991

Préchac F., Sénèque Lettres à Lucilius, 5 Bände, Paris 1985

b) Ausgaben mit Kommentar/Übersetzung:

Rosenbach M., L. Annaeus Seneca Philosophische Schriften, lat.-dt., WBG, Darmstadt. 1995 Bd.3/4: Ad Lucilium epistulae morales, lat.Text nach Préchac

Loretto F., L. Annaeus Seneca Epistulae morales ad Lucilium, lat.-dt. Stuttgart, 1995

c) Begleitlektüre zu Seneca:

Bütler/Schweitzer, Seneca im Unterricht, Heidelberg, 1974

Reinhart/Schirok, Senecas epistulae morales, 2 Wege ihrer Vermittlung, Auxilia 19, Bamberg 1988

Max Pohlenz, Die Stoa; die Geschichte einer geistigen Bewegung, Göttingen, 1992

Zu Erasmus von Rotterdam:

a) Ausgabe:

Benützte Originalausgabe aus dem Jahr 1581 (aus der Bibliothek des Wilhelms-Gymnasiums München) Ioannes Gymnicus, Apophthegmatum ex optimis utriusque linguae scriptoribus per Des. Erasmum Roterodanum collectorum libri octo, Coloniae Agrippinae, Anno MDLXXXI

c) Begleitlektüre zu Erasmus:

Zweig Stefan, Triumph und Tragik des Erasmus von Rotterdam, Fischer TB-Verlag, 1996

Pfeiffer R., Humanitas Erasmiana, Leipzig, 1931

Mähl Sibylle, Quadriga virtutum (zu den virtutes Cardinales), Böhlau-Verlag, Köln/Wien

Zu Gellius:
Marshall P. K., Noctes Atticae (Libri I–X), Oxford, 1968

Zu Augustinus:
Buchner Hans, Augustinus, De civitate dei, Bamberg, 2001

Ergänzungstexte (Übersetzungen griechischer Originale) und sonstige Materialien:
Aristoteles, Nikomachische Ethik, Ph. Reclam jun. Stuttgart – Übersetzung Ernst A. Schmidt
Aristoteles, Metaphysik, Ph. Reclam jun. Stuttgart – Übersetzung Franz F. Schwarz
Aristoteles, Die Kategorien, Ph. Reclam jun. Stuttgart – Übersetzung Ingo W . Rath
Aristoteles, Der Staat der Athener, Ph. Reclam jun. Stuttgart – Übersetzung Martin Dreher
Aristoteles, Politik, Rowohlt, Hamburg 1968, Übers.von F. Susemihl
Epikur, Briefe, Sprüche, Fragmente, Ph. Reclam jun. Stuttgart – Übers. Hans-Wolfgang Krautz
Platon, Sämtliche Werke, Rowohlt, Hamburg – Übers. F. Schleiermacher, Dublin–Zürich 1985
Diehls/Kranz, Die Fragmente der Vorsokratiker

Zu den Begleittexten:
Peters /Bernd, Ethik aktuell, C. C.Buchners Verlag, Bamberg, 2002
Unterholzner B., Grundfragen philosophischer Ethik, Auer-Verlag, Donauwörth, 2000
Langer E. u. a., Texte zum Ethik-Unterricht, Auer-Verlag, Donauwörth, 1981
Piper Josef, Das Viergespann, Koesel Verlag, München 1984
Schrey Heinz, Einführung in die Ethik, Wiss. Buchgem., Darmstadt, 1979
Hartmann Nicolai, Ethik, Walter de Gruyter-Verlag, Berlin, 1949

Zur Philosophie-Geschichte:
Röd Wolfgang, Die Philosophie der Antike 1 aus: Geschichte d. antiken Philosophie, C. H. Beck, München, 1998
Graeser Andreas, Die Philosophie der Antike 2 aus: Geschichte d. antiken Philosophie, C. H. Beck, München, 1983
Röd Wolfgang, Kl. Geschichte der antiken Philosophie, C. H. Beck, München, 1998
Hossenfelder Malte, Die Philosophie der Antike 3, München, 1985

Kommentierende / Darstellende Werke:
Capelle Wilhelm, Die Vorsokratiker, Alfred Kröner-Verlag, Stuttgart, 1968
Eckstein Franz, Abriss der griechischen Philosophie, Frankfurt a. M., 1965
Jaspers Karl, Einführung in die Philosophie, Piper-Verlag, München, 1959
Kunzmann P. u. a., dtv-Atlas Philosophie, D T V, München, 1999

Allgemeine Nachschlagewerke:
Andresen Karl u. a., Lexikon der Alten Welt, 3 Bände, Artemis-Verlag, München/Zürich, 1965
Ziegler Konrad u. a., Der Kleine Pauly, Lex. d. Antike in 5 Bdn., DTB-Verlag, München, 1979
Cansik/Schneider, Der Neue Pauly, Enzyklopädie der Antike, Metzler-Verlag, Stuttgart, 1996–2003
Howatson M. C., Reclams Lexikon der Antike, Ph. Reclam jun., Stuttgart, 1996
Müller Andreas, Bibliographie für den Lateinunterricht, C. C. Buchners Verlag, Bamberg, 1994
Kunzmann P., Lexikon der Philosophie, Ph. Reclam jun. Stuttgart
Prechtl/Burkard/ Lutz, Philosophie-Lexikon, Metzler-Verlag, Stuttgart, 1999
Cansik/Schneider, Enzyklopädie der Antike, Metzler-Verlag, Stuttgart, 2003

Zur Bebilderung:
Schefold K., Bilder d. ant. Dichter, Redner u. Denker, 1997
Richter Gisela, Portraits of the Greek, London, 1994

4 Zeittafel

Die Zeittafel soll – auf einer Art Zeitstrahl – einen schnellen Überblick über die Einzeldaten im Zeitablauf und im historischen Zusammenhang ermöglichen. Nähere Erläuterungen fehlen hier; sie finden sich ja auch im Eigennamenverzeichnis! Wo philosophiegeschichtliche und politische Daten gleichzeitig anfallen, steht rechts eine eigene Angabe.

Daten zur Philosophie – Geschichte	Zeit /Jahr	Politische Daten
Pittakus aus Mytilene (7 Weise)	um 650 geb.	
Solon aus Athen, (7 Weise)	um 640 geb.	Solon aus Athen 594/593
Thales aus Milet (7 Weise)	um 630 geb.	*diallaktés* („Schiedsmann“)
Anaximander aus Milet	um 610 geb.	Glanzzeit Milets
Periander aus Korinth (7 Weise)	um 600 geb.	
Anacharsis aus Skythien (7 Weise)		
Anaximenes aus Milet	um 585 geb.	
Pythagoras aus Samos	um 580 geb.	
Xenophanes aus Kolophon	um 570 geb.	
Chilon aus Sparta (7 Weise)	um 550 geb.	Peloponnesischer Bund unter Führung Spartas
	559–529	Kyros II., der Große ist Perserkönig
	539	mit der Eroberung Babylons wird Persien zum Weltreich
Heraklit aus Ephesos	um 550 geb.	Milet kommt 546 unter persische Herrschaft
Bias aus Priene (7 Weise)	um 500 geb.	
Parmenides aus Elea	um 515 geb.	Dareios I., Perserkönig von 522–486; erobert und zerstört 494 Milet
Anaxagoras aus Klazomenai	um 500 geb.	
	492–479	Perserkriege gegen Hellas
Gorgias aus Leontinoi, Sophist	um 485 geb.	Xerxes I., Sohn des Dareios I. ist von 485–465 König der Perser
Empedokles aus Akragas	um 483 geb.	
Protagoras aus Abdera, Sophist	um 480 geb.	Kampf bei den Thermopylen
Leukipp aus Milet, Begründer der Atomlehre	um 480 geb.	
	480	Seeschlacht bei Salamis
	479	Schlacht bei Plataä
	478–449	Angriffskriege gegen die Perser
	472	Aufführung der „Perser“ des Aischylos
Sokrates aus Athen	470 geb.	Karthago erobert Sizilien
Zenon von Elea, Parmenidesschüler	um 460	Perikles gewinnt in Athen immer mehr Einfluss
Demokrit aus Abdera	460 geb.	
Historiker Thukydides	460 geb.	
Blütezeit des Bildhauers Phidias	460–430	Ständekämpfe in Rom (Coriolan)
Antisthenes aus Athen, Sokratiker	450 geb.	451 Bürgerrechtsgesetz durch Perikles
Tätigkeit des Sophisten Prodikos	ab 450	
Tätigkeit des Sophisten Thrasymachos in der 2.Hälfte des 5. Jh.s	447	Bau des Parthenon beginnt
	431	Beginn des Peloponnesischen Kriegs

Platon aus Athen (Akademie)	427 geb.	
Aristipp, Sokratesschüler	425 geb.	
Hippias aus Elis, Sophist	um 410 geb.	
	404	Ende des Peloponnesischen Krieges
Diogenes von Sinope, Kyniker	400 geb.	
Sokrates hingerichtet	399	
Aristoteles aus Stageira	383 geb.	
Akademie von Platon gegründet	um 380	
Theophrast aus Eresos, Freund und Nachfolger des Aristoteles	371 geb.	
Nausiphanes aus Teos	um 360 geb.	
	359–336	Philipp II.König von Makedonien
	356–323	Alexander der Große (König von 336–323)
Aristipp gründet Schule d. Kyrenaiker	um 350	
Platon gestorben	347	
„Ältere Akademie“	347–256	
Epikur von Samos	341 geb.	343–304: 1. u. 2. Samnitenkrieg Roms
Speusipp, Leiter der Akademie gest.	339	
Xenokrates wird Leiter	338	Gründung der italischen Wehrgemeinschaft durch Rom
Aristoteles gründet den Peripatos	334	
Zenon v. Kition, Gründer der Stoa	334 geb.	
	333	Schlacht am Issos
Kleanthes von Assos, Stoiker	331 geb.	Alexander erobert Vorderasien
Aristoteles gest.	322	Alexander stirbt 323
Polemon Leiter der Akademie	ab 315	
„Ältere Stoa“	310–160	
Epikur gründet seine Schule, den „Garten“ (griech.: *kêpos)*	307	
Zenon gründet die Stoa	um 300	
	298–291	3. Samniten-Krieg Roms
Hieronymus v. Rhodos, Peripatetiker	281 geb.	280–276 Roms Krieg gegen Pyrrhos
Zenon von Kition gestorben	263	264–241 Erster Punischer Krieg
Karneades, Vertreter der „Neueren	235–183	P. Cornelius Scipio Africanus
Akademie“	224 geb.	218–201 Zweiter Punischer Krieg
Panaitios v. Rhodos, Stoiker	180 geb.	
Karneades führt griech. Philosophengesandtschaft nach Rom	156	
	146	Karthago und Korinth von den Römern zerstört
„Mittlere Stoa“	150 v.–60 n. Chr.	
Poseidonios, Stoiker	135 geb.	
Cicero, röm. Redner u. Philosoph	106 geb.	
	100	Caesar geboren
	60	Triumvirat Pompeius – Crassus – Caesar
Ciceros *De finibus, Libri Academi* und *Tusculanae disputationes*	47–43	
	44	Caesar ermordet
Cicero ermordet; Ovid geboren	43	
	27 v.–14 n. Chr.	Augustus Kaiser

Seneca, stoischer Philosoph	4 v. Chr. geb.	
Ovid gestorben	8 n. Chr.	14–37 n. Chr.: Tiberius Kaiser
Epiktet von Hierapolis, Stoiker	50 n. Chr. geb.	41–54 n. Chr. : Claudius Kaiser
Seneca gestorben	65 n. Chr.	54–68 n. Chr.: Nero Kaiser
„Jüngere Stoa“	60–180 n. Chr.	79 Vesuv-Ausbruch
Kaiser Marc Aurel, Stoiker	121 geb.	100 Plinius d. J. Konsul

Bildnachweis:

K. Schefold, Bildnisse der antiken Dichter, Redner und Denker, B. Schwabe Verlag Basel: S. 6, 8, 18, 22, 23, 26, 30, 33 (2×), 35, 51, 68, 81
G. Richter, Portraits of the Greek, Phaidon Press London: S. 47
Archiv für Kunst und Geschichte Berlin: S. 72
C. C. Buchner Verlag Bamberg: S. 25, 39, 52, 58
dtv Atlas Philosophie, Deutscher Taschenbuch Verlag München: S. 27, 32, 35, 37, 41, 47, 48, 59, 63
Auer Verlag Donauwörth: S. 19, 62
Bild-Zeitung (New Scientist): S. 26
Der Große Knaur, Droemer Knaur Verlag München: S. 21, 28
Kurt Benedicter, Donauwörth: S. 20
Öffentliche Kunstsammlung Basel: S. 54
Bildband Griechenland, Nebelverlag: S. 78
Berliner Ärzte-Zeitung: S. 53
J. Lindauer Verlag München: S. 56, 59, 60, 65, 69, 80

5 Karte des Mittelmeer-Raumes mit den in den Texten angesprochenen Regionen, Städten und

Sarmatia
Scythia
Borysthenes
Hypanis
Tyras
Pyretus
Hierasus
Tisia
Tanais
Rha
Regnum Bospori
Maeotis Palus
Mare Caspium
Caucasus Mons
quincum
Dacia
Sarmizegetusa
Viminacium
Tomi
PONTUS EUXINUS
Moesia
Sinope
Pontus
Thracia
Nicomedia
Byzantium
Bithynia
Propontis
Armenia
Araxes
Macedonia
Thessalonice
Chalkidike
Nicaea
Ancyra
Galatia
Regnum Parthorum
Dodona
Ilion (Troia)
Pergamum
Cappadocia
Lesbus
Asia
Mesopotamia
Tigris
Assyria
Achaia
Mare Aegaeum
Actium
Delphi
Athenae
Ephesus
Lycaonia
Edessa
Samus
Laodicea
Mycenae
Corinthus
Miletus
Caria
Pamphylia
Cilicia
Tarsus
Antiochia
Sparta
Lycia
Syria
Euphrates
Palmyra
Rhodus
Cyprus
Babylon
Damascus
Creta
Tyrus
Caesarea
Judaea
Hierosolyma
Cyrene
Arabia
Alexandria
Cyrenaica
Memphis
Aegyptus
Sīwa
Nilus
Sinus Arabicus
Thebae
1
5
6
7
9
10
11
12
13
14
15
16
17
19
21
22
24
25
26
27
28
29